上海银行家

民国金融往事

邢建榕 著

上海书店出版社
SHANGHAI BOOKSTORE PUBLISHING HOUSE

目录

序　他们都是一些什么样的人

杨天石

在民国史研究中，上海有其独特的地位，城市内涵丰富，中西文化交融，近代中国的许多历史事件、著名人物都在这里留下印记。多年来，海内外研究者对上海的兴趣始终不减，相关成果占了民国史研究的很大比重，蔚然成为显学。

本书内容聚焦于近代上海金融中心的建设，但并不是一般意义上的金融史研究。其着重点在于叙述民国银行家与这座城市的关系，他们都是一些什么样的人，与近代中国的政治、文化、社会生活发生了什么样的关系。这是一个全新的角度，过去的研究者很少涉足；长期从事近代史研究的学者渴望了解，一般读者对此也饶有兴趣。

据我所知，研究金融史的学者并不少，仅复旦大学一校，就有中国金融史研究中心，近年来成果累累。但是，金融史著作要和大量数字、数据打交道，读起来较为艰深、枯燥，普通读者较难接受。建榕的这部作品，最大的特点是学术性、原创性和可读性相结合，选题新颖，内容独特，落笔时始终注意面向广大读者，从而形成了短、信、新、趣四个重要特色。

短。建榕曾在上海《新民晚报》的副刊《夜光杯》开设过"海上金融"专栏，时近两年。他的这本书保留了"晚报体"的风格和优点，每篇仅二三千字，读者一口气就可以读完。

信。建榕在上海市档案馆工作多年，近水楼台先得月，本书内容多来自档案资料，因而所述均有根有据、扎实可信，与道听途说、猎奇觅异、无可查考的掌故、笔记一类书籍迥异。

新。写书、读书，最忌重复旧知旧闻，让读者啃冷饭、吃腐肉、喝酸汤。本书选题新颖，故事新颖，多取材自私人日记或书信，因此，大多为人所未知未闻，或鲜知鲜闻、难知难闻。

趣。著作立说，当然要摆事实，讲道理，以理服人，但是，如能在叙事、说理的同时，注意趣味性，使读者读来津津有味，自是一种难得的境界。建榕本书，既风云四起、波澜翻覆，又娓娓道来、收放自如，不少篇写得相当生动有趣。

本书内容可分上下两篇，上篇写标志着上海银行家崛起的小万柳堂事件，写 1916 年抗拒"停兑令"风潮，写国民党统治崩溃时期的"轧金子"与黄金风潮案，写银行家集体逃亡香港，可以看作是随笔式的近代中国金融史，金融之于政治的长长投影一览无遗。下篇写金岳霖、梅兰芳、宋春舫、林同济等文化人，写国际饭店、中国银行、大陆商场等沪上著名建筑，写金融业、银行家与城市社会的密切关系，折射出金融业和银行家对上海城市文化生态和风貌的重要影响。

尤其令人兴味盎然的是，一些文学作品呈现出来的金融世相，如南京路除夕夜的萧条，鲁迅笔下弄堂的叫卖声，汇丰银行与清末贪官的存款，一发不可收拾的信交风潮等，也都被建榕纳入本书的写作范围。茅盾的不朽小说《子夜》所描绘的光怪陆离的都市景象，如大上海租界、南京路、洋房和巡捕、红头阿三，银行、证券交易所、大饭店、跑马厅以及回力球馆，汽车、口红、高跟鞋等等，也都可以在建榕的笔下得到印证。文学源于生活，可以有虚构和想象；历史则忠实还原生活本相，无一语无来历。文学与历史交互并读，定然别有滋味。

建榕长期从事中国近现代史、上海史和档案文献研究，主编过《陈光甫日记》《上海银行家书信集》等档案史料，写过不少得到学界称誉的论文。前不久，他来电告诉我，他已将有关民国银行家的文章结集，希望我写几句话，听闻非常高兴，因写此序以为祝贺，并向读者推荐。

前言　上海为中国金融现代化留下了什么？

　　上海为现代中国金融业奠定了起步基础。那么，上海金融中心地位何以形成？上海为中国金融现代化留下了什么？金融业又为上海城市本身留下了什么？从1847年英国人在上海设立丽如银行，也就是中国第一家现代银行，到1897年上海有了第一家华商银行——中国通商银行，再到20世纪二三十年代，经过短短几十年发展，上海已经成为远东金融中心。

　　上海能够成为远东金融中心，首先是与上海的工商业发展，特别是贸易中心地位有关。上海对外贸易和民族工业的贸易额、资本额和生产总值，几乎占到全国半壁江山；贸易和工业的发展必然要带动大量、频繁的资金周转，促成与之相适应的金融形态，从而导致近代上海金融业的勃兴。

其次是与上海金融机构密集和社会货币资本集中有关。以中国银行、中央银行、交通银行、中国农民银行和邮政储金汇业局、中央信托局为中心的国家银行体系，以及形形色色的商业银行、保险公司、信托公司和证券物品交易所等诸多金融机构汇聚于此，绝大部分银行的总行都设在上海。金融机构如此密集，资金的集中自然十分突出。

第三是外资银行的促动。衡量一个城市是否能够成为国际金融中心，国际化程度是重要指标。外资银行带来先进经营理念和管理方式，早期华商银行亦步亦趋、依模画样。中国通商银行成立后，其规章制度、经营理念、管理流程，基本上都是从汇丰银行照搬照抄的。但很快华商银行认识到，必须提高自身经营水平，开拓创新，才能在竞争中生存发展、立于不败之地。这对上海形成良好的开放环境，形成中外银行同台竞争的局面，助力上海成为远东金融中心不无帮助。

第四是上海城市基础设施发达，是中国其他城市无法比拟的。这也是金融中心建设的一个侧面。当时的租界和外商公司引进了许多西方国家的先进技术，比如电报电话电台等电信业务，1882年丹麦大北电报公司在外滩7号开设时，外国洋行就是主要客户，通过电话电报与世界各国保持业务联系；国际外汇汇率，就是通过电信汇集到汇丰银行，再由汇丰银行对外挂牌。这些基础性的设施保障了上海金融中心强有力的地位。

上海为中国金融现代化留下了许多第一，如银行征信系统的建设。原来中国传统金融业，如票号、钱庄都是熟人经济，没有信用调查的说法，反正数额也不大。因为许多贷款收不回来，早年的银行开始认识到这一问题，有的就成立调查部，开始进行信用调查。1932年6月6日，中国第一家信用调查机构——中国征信所正式成立，由各银行共同出资作为会员银行。征信所董事长是著名爱国民主人士、七君子之一的章乃器，他当年是金融界的少壮派，也是有名的金融理论家，为创设中国征信所立下汗马功劳。

在上海成为金融中心的过程中，我们要特别强调银行家本身的素质、开拓精神和社会责任感。在当时特定的历史条件下，要在财力雄厚的外国银行和根基深厚的旧式钱庄的双重夹击下，图生存，求发展，赢得经济竞争的胜利，银行家们的付出可想而知。他们还时时刻刻面对着北洋政府、国民党政府的肆意妄为、敲诈勒索，把银行作为自己的"钱袋子"；他们常常团结一致，奋力抵制，使上海银行业保持着一种难得的发展势头。他们为上海金融中心地位的确立，作出了杰出的贡献。

1915年袁世凯称帝，逼迫中国银行、交通银行大规模垫借、发行钞票，引发信用危机，导致通货膨胀、物价飞涨。时任中国银行上海分行副经理的张嘉璈，在1916年5月12日的日记里写道，他去上班的时候，看到上海中国银行门口排队取款的人，排了几里长的队伍，人潮汹涌，争相挤兑。

在这种情况下，北洋政府竟然下令全国中、交两行关门，停止付现，现金准备一律封存，史称"停兑令"。

这一举措引发全国更大规模的金融风潮，怎么办？张嘉璈和其他银行家商量后，决定拒不执行北洋政府的旨意，对外照常营业、照常兑付。以信用做好服务，恪守承诺，是金融业的立身之本。他们认为如果上海中国银行关门打烊，实际上是宣告国家信用破产，后果不堪设想。他们宁可冒着坐牢的风险，也不能让刚刚起步的中国金融业就此崩盘倒下。中国银行毅然决定抗拒"停兑令"，在上海分行的带动下，太原、汉口、九江等地分行纷纷拒绝执行"停兑令"。5月19日，挤兑风潮基本平息，中国银行声誉大振。这一事件标志了具有社会责任感、具有独立精神的第一代新式银行家群体的崛起。

这一年张嘉璈只有28岁，其他协力同心的银行家也非常年轻，上海商业储蓄银行（简称上海银行）总经理陈光甫35岁，浙江地方实业银行上海分行经理李铭29岁，交通银行上海分行副经理钱新之31岁。这四位后来成为上海银行家代表人物，号称金融界四大名旦。

到这个时候中国华商银行业才进入第二个十年，愈来愈多的本土金融人才融入，海外留学者归来，其中又以英美日居多。1929年，经过张嘉璈的亲自考察拍板，中国银行开设了中国银行伦敦分理处，这也是中国银行走向海外的开始。

抗战爆发以后，银行家们在团结抗日的旗帜下，同仇敌忾争取胜利，为国家民族作出巨大牺牲。中国人民抗日战争的伟大胜利，也有爱国银行家在纷飞战火背后进行金融方面运作的重要贡献。

中国抗战期间的第一笔国际借款，就是上海商业储蓄银行总经理陈光甫在最困难的时候，作为中国政府的秘密特使在美国借款得到的。

当时珍珠港事件还未爆发，美国政府怕得罪日本，不愿公开接待中国官员，更不愿借款给中国政府，陈光甫经过千辛万苦，最后以商业借款的形式，借到了2500万美元，这就是抗战史上非常有名的"桐油借款"。单从金额看，确实区区有限，但借款的达成，是美国政府和国际舆论支持中国抗战的一个重要转折点，象征意义非常大。而这个贡献是银行家争取来的。

胡适当时担任驻美大使，他配合陈光甫在美国借款。按胡适日记记载，陈光甫借款遭受很多挫折，甚至是屈辱，几次想打退堂鼓回老家隐居，但最后坚持下来。胡适和陈光甫自称是最后的抗日战士，决不能再退却。

还有两位银行家：一位是浙江兴业银行（简称浙兴）总经理徐新六，另一位是交通银行董事长胡笔江。1938年8月，他们乘坐同一架民航客机，从香港返回重庆时，被日军派出的五架军机击落，壮烈牺牲，为中国现代金融史上非常著名的惨案。在追悼会上，毛泽东、朱德、彭德怀送了花圈，毛泽东在挽联中称胡笔江为"金融巨子"。

可以说，深沉的家国情怀，强烈的社会责任感，与事业上的开拓创新，构成了近代银行家的主旋律。银行家多具有敏锐的政治眼光，努力顺应历史前进的方向。在北洋时代，他们支持过反对外国资本主义侵略和封建统治压迫的斗争；在抗战时期，他们毅然投身抗日救亡的潮流。

1949 年，时代又将跨入新的十字路口，何去何从？是留在大陆迎接解放，还是跟随蒋介石逃往台湾？银行家们又面临着艰难的抉择。

　　这一次他们的选择是与"蒋家王朝"决裂，大部分银行家到了香港。蒋介石打内战，发行金圆券，物价飞涨，民不聊生，都让他们失望乃至绝望。他们虽然没有留在大陆迎接解放，其实更重要的是，他们没有追随蒋介石政权到台湾。他们当然也不了解共产党，不敢留在上海，因此他们暂时选择香港，静观时局。但上海毕竟是他们的根基，有这么多的人，这么大的市场，陈光甫当时就说"人在香港，心系上海"。他们当时的想法是，如果新政府能够发展经济，发展金融，他们就回到上海来，跟共产党一起搞建设。

　　上海解放不久，著名银行家、金城银行总经理周作民回到了大陆，作为淮安老乡的周总理请他在家里吃饭，待之以地道的淮扬风味菜。此后，周作民积极参加公私合营，担任了金城、盐业、中南、大陆四行和四行储蓄会改组的联合信托银行董事长，还出任全国政协委员。

在政协大会上，陈叔通带他去见毛主席，毛主席与他握手说："你是'北四行'的人喽。"简单一句话，反映了新政权对银行家们的信任与期待，周作民很是感动。

当时除了选择南迁香港之外，留在上海的银行家大有人在，有"金融界之莲花"的浙江兴业银行董事长徐寄庼、原董事长叶景葵，新华银行总经理王志莘等。比起那些抛弃"蒋家王朝"远避香港的金融巨子们，坚持留在上海的银行家们更加令人敬佩，他们消除疑虑，拒绝诱惑，冲破重重阻拦，为新生的红色政权注入了现代金融基因。

（本文系据2024年"第十二届北外滩财富与文化论坛"上的演讲稿整理而成，代前言）

上篇

宋汉章自述"小万柳堂事件"

一个是沪军都督,一个是上海中国银行经理。

1912 年 3 月 24 日,陈其美逮捕宋汉章,轰动全城。

因事发地在沪西曹家渡小万柳堂,又称"小万柳堂事件"。

屠诗聘所著《上海市大观》(1948 年版),内有"私家花园"一节,记载小万柳堂较详,云:

在沪西曹家渡,原系廉南湖(惠卿)与其妻吴芝瑛偕隐之所。堂之东,有帆影楼。堂之上,有西

　　宋汉章（前排左一）、张嘉璈（前排左二）、钱新之（前排右一）、
徐寄庼（后排左一）、李铭（后排左二）、陈光甫（后排右一）等人合
影。其中张、陈、钱、李四人，号称金融界四大名旦

楼，西楼勾连处为蕰淞阁，每当夕阳西下，晚霞水影，景色最佳。堂南为南园，环以垂杨数百株，中有球场，可资游散。

辛亥革命爆发前后，上海公共租界工部局对上海局势十分关注，每日由警务处派员密切监视革命党人的动向，并逐日汇报，因此形成了完整的《警务日报》，诸如攻打南京的武器装备主要来自江南制造局，攻打南京各部队的粮食军饷主要靠沪军都督府筹措，等等，事无巨细，几乎一览无遗。

其间发生于上海的许多重要案件，也在记载之列，一些被称为"革命绑架案"。

宋汉章案是其中之一。

3月24日下午4时50分，中国银行派人向工部局警务处报告：经理宋汉章被人绑架。

接报后，副捕头吉布森（Gibson）和探目吉文斯（Givens）立刻对案件进行调查。之后，《警务日报》和《警务报告》记录了宋汉章案件进展的情况。

至 4 月 15 日，宋汉章获释。

警务处关于此案的档案，题名《宋汉章案件》，全文如下：

宋汉章案件

宋汉章系华人居民，大清银行（即中国银行前身）经理，3 月 24 日被绑架，4 月 15 日释放，释放后向捕房作如下陈述：

"在我被捕前不久，张叔和把我介绍给前广东兵备道柳滇生。柳邀请我到哈同花园附近一家外国饭店去吃饭，他说要在饭店里给我介绍两个人，一个姓梁，一个姓邓。他说这二人都是从海峡殖民地来的大富翁。但后来约会延期，原因未详。

梁由柳滇生陪同在我被拘捕前那天上午 10 时半来银行看我。

柳说，梁、邓两富翁意欲开设一家银行，他提议由我当经理。我谢绝道，大清银行停业清理，中国银行已成立，财政总长陈锦涛（Chen Chien Tao）

博士要我继任经理，我不能一仆二主。

柳说，他要劝诱两位富翁赞助 200 万元作为中国银行部分资金。

柳交给我一张在极司菲尔路小万柳堂吃饭的请帖，我的名字在请帖上列在第一位。梁、邓二人为东道主，午餐定在次日下午 2 时。

第二天，我去极司菲尔路赴宴，就被捕了。约有十二名佩带手枪的士兵用船将我带到南市第十团军营，扣押在那里。扣押期间始终有士兵看守着，不许我走动、不许看报，也不准友人与我见面。

扣押 3 天后，有王、杨二人奉陈其美将军命在军营中对我进行初审。讯问我有关大清银行存款余额和满清政府的资金。

关于债务、往来账户、贷款或定期存款均未问及，也没有原告人出场。

4 月 15 日晚上 9 时，都督府的一个官员奉都督命来军营释放我。当时团长不在营中，其它一些军官讨论了我的释放问题，我又被解到都督府，后于晚上 10 时半被释放。

在我关押期间没见到陈其美将军，释放时也没见面。我猜想我的获释是由唐绍仪与陈其美将军二人商定的。

报上登载了两个原告人的名字，可是我从来不认识他们。

陈其美授意在报上说我侵吞银行公款，并鼓动诸股东仿中国银行设立民国中央银行，这些说法毫无根据。

我已建议银行总裁查核账目，现正由陈其美将军、唐绍仪、银行理监事与股东会的代表在静安寺路外事交涉署进行。

4 月 16 日我已向银行总裁递辞呈，但未准。

总裁说，他将以公函告诉在沪各外商银行，自 4 月 18 日起我已恢复中国银行经理之职。"①

————————

① 该自述刊载于 1912 年工部局年报"革命绑架案"一章。

8

宋汉章案从发生迄今，有诸多疑惑处，如他究竟应谁之邀前往小万柳堂？去干什么？他被捕的真实原因是什么？

事发当月的 29 日，绍兴旅沪同乡会在《民立报》发表致陈其美抗议函，称："日前迭据传称，中国银行经理宋汉章被贵都督以请酒为名，诱至小万柳堂，遽被军士多名拥捕而去。"

陈安性《宋汉章与中国银行上海分行》一文，说得更为具体：

> 上海都督陈其美命宋筹饷，宋以中行系官商合股，个人不能做主，婉言拒绝。中行行址在租界，陈无可奈何，乃宴请宋于曹家渡小万柳堂，其地属租界越界筑路范围，但后门临近苏州河，为中国军警力所能及。宋不明底细，但未便固拒，乃应邀前往。席间陈又以筹饷相请，宋仍以不能作主相对，一言不合，陈即令人从小万柳堂后门将宋架上早已

准备好的木船，予以扣押。①

而中国银行行史编辑委员会编著的《中国银行行史
（1912—1949）》，说："1912 年 3 月 24 日，宋汉章应华
侨梁建臣之邀，去曹家渡小万柳堂廉惠卿家出席宴会。
陈其美'侦其出界，派员捕获'。"

宋汉章家乡的余姚县政协《关于宋汉章》一文，只
是说"陈其美乃设计将宋汉章扣捕于曹家渡都督府，租
界当局哗然"。

案件扑朔迷离，迄今众说纷纭。

按宋汉章自述，他去小万柳堂赴宴，陈其美并不在
场。再说，如果陈其美请客，宋汉章是断然不会去自投
罗网的。

显然，此次饭局并非陈其美招请，席间所谈也非筹
饷事。东道主是印尼华侨富商梁建臣，但前广东兵备道
柳滇生起了穿针引线的作用，而柳又是张叔和介绍的，

---

① 《近代中国工商人物志（第二册）》，中国文史出版社，1996 年，第
61 页。

柳再介绍梁建臣等两人，以商议办银行为名邀请宋赴宴。

不过无论如何，陈其美总归脱不了干系。

这背后，牵涉到宋汉章的中国银行与陈其美支持的中华银行之间的矛盾冲突。

由大清银行改组而来的中国银行，是当时中国第一大银行。不仅历史悠久，基础深厚，而且资金雄厚，信用稳固，在社会上有极高的公信力。南京临时政府成立后，为维持大局安定，仍由中国银行继续行使中央银行职能。

上海光复，沪军都督府月开支过百万，为筹军费，陈其美曾命沈缦云筹组上海中华银行，并声明此即"日后开办中央银行之基"。他再三吁请将中华银行设立为中央银行，并意图没收大清银行的官股。

孙中山对陈其美极为倚重。沈缦云为都督府财政部长，孙中山也送过一幅字，称赞沈"光复沪江之主功"。但他支持大清银行改组为中国银行，并继续承担中央银行的职责。所谓"国法大于人情"，何况中华银行的地位，与中国银行相距甚远。他宣布："凡商民已得旧政府正当之权利，自宜分别准予继续。"孙中山以自己的现代理念和拨乱反正的决定，证明了辛亥革命最终是如何带来对市场和民主法治的尊重。

宋汉章案既反映了革命初期的无序，也反映了革命党人的无奈，需款孔急，难免不择手段。陈其美以查究宋汉章舞弊案为借口，将其设计逮捕，意图破坏中国银行的声誉，阻扰其改组为中央银行。

一场中央银行权力归属之争，由此成为一次政治势力之争，更成为革命精神之争。一场宋汉章案，虽没有枪林弹雨，却从一个侧面折射出这场民主革命特有的精神内核。

在社会各界一致声援下，1912年4月15日，被关押了二十多天的宋汉章取保获释。

与其他近代银行家不同的是，宋从未出国留学，为人处世和生活习惯中规中矩，喜爱传统文化，生性节俭，不置私产。他仅有的几张照片，穿着都是比一般长衫稍短的罩袍，与一班洋装革履的银行家同仁迥然有别。

宋汉章从任职于官商大清银行，到继续掌管改组后的上海中国银行，虽是近代金融界当之无愧的元老，但向来为人低调，不为外界所瞩目。经此一案，又恰逢新晋民国，宋汉章声名鹊起，成为旧营垒中脱颖而出的新式银行家，也成为社会敬仰的具有银行家独立精神的金融界领袖。

不听袁令抗中央
——1916 年的"停兑令"风潮

1916 年 5 月 12 日，上海中国银行副经理张嘉璈照常上班，"晨八时由私寓赴行办公，行至距离行址三条马路时，即见人已挤满。勉强挤到行门口，则挤兑者何止 2000 人，争先恐后，撞门攀窗，几乎不顾生死。乃手中所持者不过一元或五元钞票数张，或二三百元存单一纸"[1]。

---

[1] 姚崧龄，《张公权先生年谱初稿（上册）》，传记文学出版社，1982 年，第 28 页。

上海中国银行其时位于汉口路 3 号的大楼

张嘉璈虽然已有心理准备，但还是被眼前的景象吓了一大跳，晚上写此日记时，犹有余悸。

事先，他已经得到消息，北洋政府下令全国中、交两行暂停兑现付现，禁止提取现款，两行的现金准备一律封存。中、交两行总行以及京、津分行等，由于处在皇城根下，迫于压力只得遵照执行。各地分行相继跟进，全国金融市场一片恐慌和混乱，史称"停兑令"。当天，上海中国银行营业时间未到，门口等候兑换现洋的市民已是人山人海。上海中国银行经理宋汉章和张嘉璈担心出事，已向租界警务处报告，要求增派警力维持现场秩序。

形势险恶而急迫，宋汉章、张嘉璈立即与上海商业储蓄银行总经理陈光甫、浙江地方实业银行上海分行经理李铭、浙江兴业银行常务董事蒋抑卮、交通银行上海分行副经理钱新之等人商议办法。

银行家们分析认为，袁世凯上台后，一心称帝，但面对财政状况的竭蹶，只得以"增税、借债、发行纸币"三法来应付。可是增税，地方政府阳奉阴违，老百姓油

16

尽灯枯；借债，政府信用低下，中外金融界避之不及。剩下的唯一办法，就是"发行纸币"，袁世凯通过北洋政府控制的中国银行、交通银行大量垫款、发钞，因为缺乏必需的准备金，时间一长，银行信用严重受损，库存空虚，导致通货膨胀、物价高涨，市民百姓开始大量挤兑，而以袁世凯为首的北洋政府，竟然对中国银行和交通银行下了"停兑令"。而老百姓为了保住一点血汗钱，焉能不"争先恐后，撞门攀窗，几乎不顾生死"。

陈光甫说，上海必须维持稳定良好的金融局面，要力保不失信誉；钱新之说，停兑、止付是"乱命"，可置之不理。李铭、蒋抑卮说，此时骤行停兑，"无异国家宣告破产，银行宣布倒闭"，因此，"中央命令万难服从，沪行钞票势难停兑"。

宋汉章、张嘉璈颇为感奋，信心大增，表示只要大家一心支持，众志成城，即使遭遇挤兑，也可以度过风潮。

这一年，银行家们还很年轻，宋汉章稍长，44岁，张嘉璈28岁，陈光甫35岁，钱新之31岁，李铭29岁，这几人，在此后均有不凡表现，说他们影响到中国近现代史的进程也不为过。尤其张、陈、钱、李四人，史称金融四巨头。

上海中国银行的第一项举措，是集中库存现银，并以房地产等为抵押，与外商银行订立200万元透支协议。汇丰、花旗等外商银行均表支持。

其次，宋汉章往访租界的上海会审公堂，询问有何办法，可以保证他和张嘉璈在最近几天不被北洋政府逮捕。公然抗拒政府的命令，他知道后果，轻则撤职，重则入狱，但只要扛过这几天，他不在乎如何处分。

法官笑答："此事说难也难，说易也易，只要有中行利害关系人，如股东、存户、持券人等，向公堂起诉中行损害他们的利益，公堂当然可以立案。"

公堂规定，诉讼期间，中行经理、副经理不得离开租界，且须继续行使原有职责，即使政府下令，也不能逮捕经理、副经理。

宋得此点拨，立即请张嘉璈分别拜访陈光甫、李铭和蒋抑卮等人，他们既是中国银行的大股东、大客户和持券人，也是其抗拒"停兑令"的支持者。

张嘉璈向他们说明情况后，众人均表同意。很快，陈光甫、李铭和蒋抑卮，分别代表中国银行股东、存户和持券人，高调向法庭起诉，要求"将存款及钞票准备充足，照常兑付"，并再三强调，诉讼期间，宋汉章、张嘉璈不得"脱离"中行。

第三，也是宋汉章的妙招，以维持中国银行股东利益为名，中国银行邀请横跨政商两界的"大腕"张謇出面，组织"中国银行股东联合会"，会长张謇，副会长叶景葵，秘书长钱新之。该会登报声明，中国银行事务"悉归股东联合会主持"，由股东联合会接收银行全部财产，即使政府提用款项，也要按照章程办理。这个办法实际上堵死了北洋政府随意提款的渠道。从今往后，中国银行不再是政府的"账房"。

股东联合会请来两名外国律师，代表股东管理行务。两名律师：一是英国人古柏，一是日本人村上，均是租界名律师。受托后，他们各自往访领事馆，探寻本国领事态度。英日领事表示，支持中国银行的举措。随即，两位律师具函，委托宋汉章、张嘉璈继续主持营业，但不得违背股东会的意旨。

这一切，显然是做给别人看的，实际主持行务的仍是宋汉章和张嘉璈。

一切预案准备就绪后，上海中国银行对外宣布照常营业，照常兑现，称："所发钞票，随时兑现，不得停付；一切本行存款，均届期立兑。"并致电北洋政府国务院、财政部，明确表示："不能遵照院令办理。""愿尽一切力量，将库中现金兑至最后一元，始行停兑。"

对于上海中国银行的"抗旨不遵"，北洋政府责令北京中国银行总管理处免去宋汉章职务，但总行答以："力有不逮。"不久，又有风声传来，说袁世凯准备派人对宋汉章下手。经历过1912年被绑案，宋汉章早有心理准备，一步不离开租界范围。

"停兑令"当天，上海中国银行仍旧开门营业，照常收兑钞票。第二天是星期六，下午原不对外营业，中行特别延长到下午3时；星期天，又破例营业半天。又托有关银行和钱庄，门口也挂上"本行庄代兑上海中国银行钞票"的牌子，索性大方到底，服务到家。

市民见到中行照常营业，照常兑付现金，连一些街头巷尾的钱庄也接受兑换业务，人心遂安定，风潮缓和。

事后盘存，中国银行已兑出150万元，为数并不多。中外金融界的团结，加上当时社会舆论的高度关注、租界的庇护，袁世凯未敢下黑手。6月初，袁世凯已撤销称帝，一病不起，一命呜呼。北洋政府财政部发下一纸通告，称"停兑令""究系一时权宜之计"，对于产生的不良后果，政府负完全责任，从即日起给予照常兑现。

宋汉章经历的这两次事件，均是独立的个案，前后并无因果关系，但足以说明，在向新时代的转型和发展中，由于经济社会和市场氛围的发展，金融业的地位和作用不断增加，银行家开始逐渐崭露头角，他们不仅在经济活动中趋于活跃，而且不可避免地与政治的关系变得更加密切。但宋汉章、张嘉璈等上海银行家的贡献，在于他们认为，金融业虽然与政治密不可分，却不能完全听命于政府的旨意，更不能作为政府的"账房"。这也成为日后新式银行家的基本信条。

我曾就此问题请教于金融史泰斗洪葭管教授，他说："从1916年到1935年，上海银行家群体崛起，抗拒'停兑令'是肇因。"

在抗拒"停兑令"过程中，尽管宋汉章、张嘉璈等也"栗栗畏惧"，遭遇了比1912年风波大得多的压力，自身受到的威胁更严重，但终因应付得当，安然度过风险，宋、张等人不仅未被袁世凯逮捕入狱，连撤职都无人提起，颇能说明辛亥革命后，近代中国社会加速转型和民主法治思想的逐渐萌芽。

此后，中国银行信誉卓著，存款大增，其时坊间流行竹枝词，有云："中国银行宋汉章，不听袁令抗中央。力将钞票通常兑，博得人间信用彰。"在宋、张的实际掌控下，中国银行进入了快速发展的阶段，成为中国实力最强、国际化程度最高的中国第一大银行。

餐桌上的银行家

韦泱兄在地摊上看到两通陈光甫的信札，内容都是关于设宴请客，"心跳加速"之后，立马拿下。他是看中了陈光甫这三个字，我却对银行家与吃颇感兴趣，好多金融界的大事，还真离不开那张餐桌。

银行家好吃、会吃，是无须赘言的。首先是他们有文化，或能吃出文化来；其次有财力，许多银行家雇了上海滩上的顶尖厨师，在家里请客。这些厨师都有他们拿手的看家菜。再者，因为需要拉存款，或者有大佬需要向银行借钱，公私酬酢繁忙，多少事都是在餐桌上谈定的，自然练就了他们食不厌精的舌尖功夫。银行家三者俱备，焉能不成为精于此道的吃客。新中国成立后著名的"莫有财厨房"，在当时是李鸿章曾孙女婿沈京似的私家菜，因菜肴精美，惹得银行家们不时上门尝鲜，几乎成为银行家们的"食堂"。

时隔多年后，"半个银行家"孙曜东回忆起他在中国银行总裁冯耿光家里吃饭的情形，仍让人垂涎欲滴：

　　　　到他家里吃饭，品尝他家厨子小丁的拿手好菜，那真是叫人终生难忘。就说他的虾片汤吧，就绝对与众不同。当一桌菜吃得差不多了，该上汤时，只见他端来一只大海碗，往桌子中间一放，碗底和碗壁上贴了薄薄一层用青岛对虾切成的虾片，然后在碗底撒上些葱丝、姜丝、香菜末、胡椒面，倒上少许白兰地，再端来一碗烧得嘟嘟滚的老母鸡汤，当着众人的面，"哗——"地往碗里一浇，那虾片就满碗沸腾，不仅碗里的虾片都烫熟了，而且满屋子都弥漫了白兰地和虾片的混合香味，客人们轰然一阵叫好，桌上就十分热闹。①

　　金城银行总经理周作民也喜欢在家里请客。他尤好酒，人亦海派，日本记者松本重治20世纪30年代在上海时，曾与周作民有所往来，他的印象是周作民"身材魁梧，神情悠然，慈目丰颊，给人一种温暖亲切之感"，也说周作民在北平有一酒窖仓库，储存着不少好酒，经常叫他一起饮酒。松本著《上海时代》回忆，在周府吃饭，周总要客气道："没有什么菜。"但松本却认为"即便是那些家常便饭，也是鲜美异常"。

　　在上海市档案馆所藏银行档案中，还看见过银行家聚餐的一份菜单，如果把以前银行家经常吃的菜单加以收集，照此开发一套银行家食单，相信是很有吸引力的。

　　不过，不要以为银行家围着桌子，就是吃喝。吃是文化，有大讲究，多少事，少了餐桌，还真不一定搞得定。银行家深谙此道，团结同业，抵御外商，协商业务，

---

① 孙曜东口述、宋路霞整理，《浮世万象》，上海教育出版社，2004年，第7页。

25

交流信息，甚至与蒋介石斗智斗勇，多少事都在餐桌上做文章。说起来，上海新式银行家的成长，就与圆台面有关。

在1915年的金融界新春宴会上，时任上海中国银行副经理的张嘉璈，与浙江地方实业银行上海分行经理李铭、浙江兴业银行常务董事蒋抑卮、浙江兴业银行董事长叶景葵等同席，相谈甚欢。张嘉璈向其他银行家提议，不如每天中午大家一起聚餐，可以借此交流信息，共议前程。这一建议得到各位银行经理的赞同。上海商业储蓄银行总经理陈光甫自告奋勇，邀请各位经理每天中午到他银行的小餐厅聚餐。不用说，餐是形式，聚是目的。

当时属华商银行业草创期，参加银行午餐会者，仅有中国、交通、浙兴、浙实、上海和盐业六家，后来又有中孚银行加入，但实际囊括了所有上海的重要银行。

这些银行负责人边吃边谈，其乐融融，席间敲定的几件大事，为近代中国金融业奠定了起步的基础。其中最重要的，是效仿当时占据统治地位的上海外国银行公会，成立华商银行自己的上海银行公会，出版同业刊物

《银行周报》。上海银行公会成立后，各地同业纷纷仿效，北京、天津、汉口、蚌埠、杭州等地先后设立银行公会，而上海无异提升了作为全国金融中心的地位。

银行公会会址位于香港路4号的一幢洋房里，由各家银行集资购买，1925年又翻造为一幢古典主义风格的新大楼（今香港路59号）。午餐会也随之转移到银行公会附设的餐厅，"每日各行经理聚集该会午餐，会议银行公共事务并协定金融行市"。

上海银行公会第一批会员，除前述七家外，又增加了聚兴城、中华、四明、广东、金城五家。按照《上海银行公会章程》，选举上海中国银行经理宋汉章为会长，陈光甫为副会长，李铭为书记董事。其他积极参与的张嘉璈、盛竹书、孙景西、贝祖诒、徐新六、胡孟嘉等，后来都成为近代中国最著名的银行家。

银行家徐寄庼在他的《希望民国十年之银行公会》一文中说，银行午餐会是上海银行家的"精神会餐"。这种精神会餐，奠定了近代金融业团结应对、不断进取的精神基础，在以后的金融风潮中显示了活力和力量。

1926年上海银行公会新大楼（今香港路59号）落成，银行家们有了自己的活动场所

不过，银行家的吃喝，有兰亭雅集似的悠闲自得，也有鸿门宴般的剑拔弩张，比如前文已提到过的"小万柳堂事件"。

辛亥革命后，沪军都督陈其美认为上海中国银行经理宋汉章捐款不力，在今万航渡路华阳路处的小万柳堂，派人设宴招待他，要他非到不可。宋汉章以为此地系租界，陈其美不敢怎样，不料他进门后，刚刚寒暄坐下，尚未下箸，有人一声口令，埋伏在房子后面苏州河上小船内的士兵，立即冲进屋内将他绑走。原来小万柳堂虽在租界内，房后面的苏州河，却是租界与华界的界河，绑架者早已雇好了小汽艇，隐藏其中伺机行事。

宋汉章被关押二十多天，并不松口，陈其美在社会舆论压力下，虽然未收到一分钱，也只好让宋重获自由，史称"小万柳堂事件"。经此一案，宋汉章声名鹊起，也彰显了银行家的独立精神。

蒋介石在四一二反革命政变后，不仅原先的承诺烟消云散，反而一味敲诈勒索，银行家开始对蒋介石心生不满，态度有所转变。1927年7月5日，蒋介石遍邀上海银行家，在大华饭店聚餐，目的只有一个，希望银行家再捐钱。在餐桌上，当着蒋介石的面，历任四届银行公会董事的李铭，不慌不忙站起来发言，说："国民既知道必须拥护政府自己才生存，政府亦要知道必须使人民得以生存，政府才能坚固。……古人比政府为民牧，譬如要吃牛乳，要吃鸡蛋，必将生乳之牛生蛋之鸡养得肥壮，否则牛不会生乳，鸡不会生蛋了。"[1]

尴尬间，蒋介石不为所动，银行家沉默以对，双方关系从此变得若即若离。李铭所谓的"杀鸡取蛋论"，成为中国近代金融史上的专有名词，许多纷争，都被这五个字说透了。

---

[1]《李馥荪对于财政金融之演说词》，《银行周报》，第507号。

上海证券物品交易所的政治内幕

上海证券物品交易所由孙中山发起创办，由于蒋介石、张静江、戴季陶、虞洽卿和陈果夫等人的参与，与其说是中国近代经济史上的一件大事，不如视作新兴官商结合的一股政治势力的亮相，并最终在历史的舞台上崭露头角。

1914年底，北京政府颁布了《证券交易所法》，孙中山先生感到创设交易所，可以为革命事业提供活动经费，因为他在多年的革命生涯中，始终为经费所困，经与上海工商界人士相商后，决定发起创办证券物品交易所。

1920 年 7 月 1 日，上海证券交易所开幕典礼盛况

但孙中山不宜亲自出面，遂委托张静江、虞洽卿、戴季陶、闻兰亭和蒋介石等人具体筹办。

蒋介石于1911年10月30日从日本回上海，投奔陈其美进行革命活动，当了沪军第五团团长。又经陈的引荐，结识张静江、戴季陶等一批上海工商界头面人物。蒋介石当沪军第五团团长，这一职务并不低，收入也很丰厚，足够他在上海过风花雪月的生活。但1916年陈其美被刺似乎对蒋介石打击很大。恰逢张静江、戴季陶、陈果夫等人奉孙中山之命，创办上海证券物品交易所，蒋介石也参与其事。蒋介石与上海金融界的渊源关系，即始于此。

1920年7月1日上海证券物品交易所开幕的当日，上海《申报》就登出一条广告："上海证券物品交易所五十四号经纪人陈果夫，鄙人代客买卖证券、棉花，如承委托，竭诚欢迎。事务所四川路1号3楼80室。电话：交易所54号。"

这家54号经纪人营业所，又名茂新公司，就由蒋介石创办，具体交由陈果夫操办，主要经营棉花、证券两种业务。蒋介石当年的日记中，多次提到这家茂新公司，如1920年7月5日日记云："今日为组织茂新公司及买卖股票事，颇费苦思，终宵不能成寐。"原来茂新公司经营初期即遭亏损，因而蒋介石焦虑苦思。后来它的经营才逐渐好转，扭亏为盈。

上海证券物品交易所开业半年以后，获纯利50万元，年收益率超过80%，本所股股价高达60元，最高时窜至100元以上，棉纱、棉花和证券交易均十分活跃。一时众商趋利，蜂拥而至，连原先在日商取引所做投机的商人，也改换门庭，集中到了证券物品交易所。其他人见钱眼开，也纷纷开办交易所，一年多时间上海竟开业大小交易所上百家，莫不获利。在此情况下，蒋介石与张静江等人又合资创办了恒泰号经纪人营业所。

恒泰号于1920年12月15日成立，共计股本三万五千元，1000元一股，共35股，资本几乎是茂新号的十倍。其中张静江5股，张的侄儿张秉三4股，包括其他亲友共13股，占三分之一以上，因此由张秉三出面任经理；蒋介石（化名蒋伟记）4股，股款由张静江代交，也算是大股东了；戴季陶 2 股，陈果夫 1 股。在该所契约上落款的人，都盖章为据，只有蒋介石由张静江代为签字。次年 5 月 31 日，蒋介石与戴季陶、张静江等人合作开设利源号，契约上蒋介石的名字是由戴季陶代签的，可见蒋介石多不在上海，完全是那帮商界朋友捧他的场。蒋介石在恒泰号的经营活动，也交由 54 号茂新公司经纪人陈果夫代理。这家经纪人号不仅做买卖，而且还是国民党的一个秘密据点，负责招兵买马、秘筹资金的事情。

由于这段时期上海股票市场的火爆，张静江、陈果夫等人在证券市场翻云覆雨，大发横财，蒋介石另向张静江借了一笔钱，化名蒋伟记，也附在恒泰号进行交易，同样获利丰厚。张静江等人的股本和经营所得，曾为孙中山领导的革命事业提供了大量活动经费，张因此有早期国民党的"财神爷"之称。

除茂新号、恒泰号和利源号三家经纪人营业所外，蒋介石还参与了新丰号、鼎新号经纪人营业所的创办，但具体情况史料不详。

1921 年冬上海发生"信交风潮"，众多交易所支撑

上海证券物品交易所理事长虞洽卿（前排右一）与家人的合影

不住，不得不关门打烊，由此引发连锁反应，不仅买卖股票的人大倒其霉，贷款的银行、钱庄、商店宣布倒闭者比比皆是，蒋介石、张静江、戴季陶和陈果夫等人开设的经纪人营业所负债累累，一个个离开上海暂避风头。蒋介石等人欠的债，只好由交易所负责偿还，至1923年，交易所已代戴、陈、蒋等人背了240万元的债，虽然截留清偿了一部分，还是负债累累，担任交易所理事长的虞洽卿只好把它当作一笔糊涂账处理掉了。1927年蒋介石北伐时，虞洽卿还秘密向远在南昌的蒋介石送去了30万元，真如雪中送炭，使老蒋一直感激不尽。

由于这段因缘关系，张静江、戴季陶、陈果夫、虞洽卿和蒋介石等人不仅关系密切，而且形成了一股不容小觑的政商势力。当年蒋介石南下广东，不仅与孙中山的一再催促有关，也与张静江等人的劝说不无关系，他们知道蒋介石毕竟不是经济之才，他懂军事，去广东追随孙中山比在上海炒股更有意义。后来他们又为蒋介石的上台出谋献策，直至真金白银，不遗余力，待蒋介石掌握实权后，他们也就理所当然成为国民党元老。

张静江担任了国民党中央执行委员会常务委员会主席，南京国民政府成立后，出任第一届浙江省政府主席，在国民党内与蔡元培、吴稚晖、李石曾一起被蒋介石等人尊为四大元老；戴季陶在蒋介石执政期间，是国民党内首屈一指的政治理论家，担任过国民党中央宣传部长、国民政府考试院院长等职。蒋介石曾得到陈其美的赏识，陈死后，蒋介石一直特别关照陈的两个侄子陈果夫、陈立夫。陈果夫为他炒股，算是小试身手，后来两陈长期为蒋介石把持党务，人称CC系，为蒋介石立下汗马功劳。

虞洽卿则是上海工商界的头面人物，长期担任上海总商会会长，响当当的"海上闻人"，蒋介石每次见到"虞洽老"，态度都十分恭敬，因此连杜月笙也不得不让他三分。能在大上海屹立不倒数十年，绝非易事，谁都明白，这与虞洽卿当年那段经历有关。

蒋介石变脸记

　　1926 年国民革命军在广州誓师北伐，为了获得银行家们的支持，蒋介石饬令部队对沿途的各大银行不得骚扰。这一招很有效，银行家们投桃报李，在款项上给予大力支持。可以说很大程度上，银行家是用钱把蒋介石扶上位的。

　　先说第一笔借款。北伐甫始，蒋介石让宋子文向中国银行香港分行商借 200 万元，分行经理贝祖诒（著名建筑师贝聿铭之父）不敢作主，急向总行报告。

　　时坐镇上海、任中国银行总行副总裁的张嘉璈，经慎重考虑后，同意先借给四分之一，即 50 万元。数目虽被减去一大半，蒋介石仍很满足，毕竟开了一个好头，也为蒋介石以后一再借款打下基础。

有了钱，北伐军势如破竹，抵达江西赣州后，蒋介石又密电黄郛出马，与张嘉璈商量，请求汇寄一笔现款。

张嘉璈立即与总裁冯耿光商议对策。冯谨慎，亲自赴广东等地考察，又让贝祖诒起草一份关于北伐军的研判报告。贝认为，北伐军和蒋介石比北洋军阀好得多，胜算极大。

中国银行总部密电南昌支行：立即汇款 30 万元至赣州。

当时江浙一带还在孙传芳控制之下，中国银行的款项援助都严守秘密。冯耿光从广州考察回来，路过南京时，就被孙传芳叫去谈话，责问是否有援助蒋介石一事。冯也只能敷衍搪塞。但中行在背地里还是如约汇齐 30 万元。1927 年 1 月，张嘉璈又密电南昌中国银行拨款 20 万元交给蒋介石。

除了向中国银行借款，蒋介石又派国民党元老黄郛和北伐军总司令部军政署长徐桴秘密赴沪，向"同情革命的银行家作将伯之呼"，进一步扩大资金来源。

这次蒋介石瞄准的对象，是上海商业储蓄银行总经理陈光甫和四行联合准备库及四行储蓄银行协理钱新之，两人均系上海银行界的实权人物。

蒋介石向他们写了一封亲笔信，信中称他们"主张公道，扶持党义"，并殷殷邀请他们赴"浔汉一游，聊舒积愫"。这两位银行家也十分看好蒋介石，当即允诺："革命军饷银，当尽力而为。"

不久，两家银行合凑了50万元，秘密送到南昌给蒋介石。这犹如雪中送炭，使蒋介石极为满意，据徐桴后来对钱新之说："老兄和光甫的50万元，数额虽不算太大，但解决了总司令的年关急需，所以总司令很满意，一直把这第一次借款记在心里，几次说起要报答两位。"

这时的蒋介石很会演戏，给上海不少银行家写信，均以某兄称呼，自称弟，关系大幅拉近，如前述致陈光甫、钱新之函也是如此。1927年4月初，张嘉璈因母刘太夫人病卒，居丧在家，刚到上海不久的蒋介石亲临张宅，在张母灵前吊祭，也令张嘉璈颇为感动，有遇明主之感。

北伐军进占上海后，蒋介石却变脸了。他以为大局已定，银行家们也已尽入彀中，可以随意拿捏了。蒋介石一边发行公债、库券，一边不依不饶地继续借款，而银行家们则以为成立新政府，要按规矩办事。双方的关系进入了新的博弈阶段。

先是蒋介石又向中国银行上海分行借款100万元，宋汉章指着章程，要求对方提供担保。蒋介石一怒之下，非但不允，直接将100万元增至500万元，并令军需主任俞飞鹏去中行上海分行"坐索"提款。所谓"坐索"，就是一屁股坐在你的办公室里，门口再站几名卫兵，任谁都没有办法。

张嘉璈见势不妙，与宋商量后"照付了事"。宋汉章为人厚道，有点犟脾气，经此挫折，加之随后又发生蒋介石要求中行预购二五库券1000万之事，不免心灰意冷，称自己"神经衰弱重疾，极需静养"，要求改任中行常务理事的虚职。

一波未平一波又起，1927 年 5 月爆发的"中行事件"，成为上海银行家与蒋介石的一次白热化冲突。

5 月 1 日，蒋介石发行二五库券 3000 万元，犹嫌库券发行缓不济急，要求中国银行预购 1000 万元，限令三天之内解交银行。

但中行坚称只能解决 400 万元，且短期内提不出巨款，只答应先垫 200 万元，另外 200 万元拟与江浙两分行筹商后再说。

蒋介石却要求中行必须立即筹办不可。于是双方矛盾冲突不断升级，银行家与蒋介石政权的对立情绪骤升，张嘉璈、宋汉章、陈光甫和钱新之等人都卷入其中。

事实上，从北伐开始到南京国民政府建立前后，中国银行陆续向北伐军资助款项计 660 万元，不可谓不多，但蒋介石贪得无厌，并不满足。

蒋介石狮子大开口，向中行勒索 1000 万元的借口是，中行也曾向吴佩孚、赵恒惕提供经济援助，"阻挠革命"，又向武汉政府提供援助。真是欲加之罪，何患无辞。银行为做生意，与各方面业务往来岂不正常。

5 月 3 日，蒋介石一面命令宋汉章将 1000 万于三天之内搞定，一面派出张静江、俞飞鹏来沪提解。宋汉章不肯轻易屈服，他解释道，中行以前对北伐军资助款项已达 660 余万元，此次再垫借 200 万元，计 860 余万元，"军政与财政相表里，不要逼人太甚，否则中行不堪重负，对军政未必有利"。此番言论，对蒋介石而言自然是书生气十足。

这时候陈光甫已被蒋介石任命为财经委员会主任委员，这个委员会一个主要的职责，便是为蒋介石筹措款项。蒋介石及来沪督办此事的俞飞鹏，多次与陈光甫联系，促其向中行接洽缴纳款项事宜，俞且亲临财会督促办理。陈光甫对蒋介石敲诈勒索虽表不满，但无奈职责在身，不得不勉力而为。

陈光甫与宋汉章协商后，商定由中行再认 200 万元，连此前已认购的 200 万元，共计 400 万元。

哪想到蒋介石还是一口咬定 1000 万元。他对中行的态度愈趋强硬，定性亦愈来愈离谱，居然声称："如照法律言，而谓其阻碍革命有意附逆亦可"，并警告陈光甫：

"万勿以私忘公","勿徇私情"。蒋介石疾言厉词，穷凶极恶，与初到上海时对上海银行家的态度相比，简直判若两人。

左右为难的陈光甫，于6月1日给蒋介石写了一封长信，原件现存上海市档案馆。从原件看，计有写作提纲一份，零散段落稿纸五页，底稿四份，看得出陈光甫费尽心思，落笔似有千钧。

兹照录其写作提纲如下：

（一）中国银行犯了何罪，摧残如此之甚。（二）英国人不相信现在政府，以其无组织无政策。此风传出，影响必大。（三）中行之功。（四）立国之初不可如此。如以军人事行之，不经政府逼过，等如军阀之行为，令人寒心。（五）中行及各种金融机关都可帮忙。

陈光甫指出，中国银行前有数次借垫，承担款项最多，"纵使无功可言，亦可无罪于国人"，倘处以"军法",恐怕中行损失事小,于社会金融和中外信用之影响反大,自招纷扰,得不偿失。在立国之初,统治者"贵在以德服人,以信示天下"。如若中行果有通敌之事实,应由政府派人查办,"非仅一千万即可了事也"。

很明显陈光甫同情中行,为其申辩,但蒋介石根本不予理会。张嘉璈在日记中骂蒋介石"处处干涉财政,前途悲观在此"。

无可奈何之下,张又托老友黄郛、张群去向蒋介石疏通,希望保全中国银行的元气,不可对中行逼迫太甚。经过双方的讨价还价,最后仍由中行垫付400万元款项,另分期购募二五库券600万元,勉力凑足1000万元之数。

上海银行家通过"中行事件",对蒋介石的真面目有了深刻认识,认为蒋介石在本质上与旧军阀如出一辙,对南京政府和蒋介石刚刚建立起来的好感,几乎丧失殆尽。

银行家墨迹

　　京剧界有四大名旦：梅兰芳、程砚秋、尚小云、荀慧生。金融界也有四巨子，人称金融四大名旦：中国银行总经理张嘉璈、上海商业储蓄银行总经理陈光甫、浙江实业银行总经理李铭、交通银行上海分行总经理钱新之。与他们身份地位不相上下的银行家，也大有人在，如吴鼎昌、周作民、贝祖诒、徐新六、徐寄庼、胡笔江等，这班人上与蒋介石等政要关系莫逆，商而优则仕，后来有不少人脱离金融界，担任过民国政府的部长级官员；下懂"社会服务"的重要，在专营金融业务时，枝蔓旁及，眼观八方，文化、教育、实业界乃至帮会都有他们的人脉关系。别的不说，在各家银行档案中，上上下下拜托银行家安插岗位的函札，可以出几大本，足见银行向来是一只金饭碗。

因为办的是新式银行，中国人以前没有接触过，需要向国外"拿来"，所以银行家大多毕业于欧美或日本的名校商科，又因为业务上需要与国际接轨，与外国人多有往来，他们给人留下的印象总是风度翩翩、西装革履，一口洋文，白领中的白领，精英中的精英，显得高高在上。不过，银行家不是一日炼成的，多数出身非富即贵，自幼受到良好的传统教育，有的本身参加科举中过举人、进士，如浙江兴业银行董事长叶景葵，有很浓的文人气，曾为晚清大吏赵尔巽捉刀弄笔。他们的传统文化功底，要比一般的实业家来得深厚。我在金融档案中，读到大量的金融家书信手札，即以书艺而论，与名家不遑多让，内容更是稀见，隐含着许多重大历史变故。

如号称民国四公子之一的张伯驹，实际上也是一名"银行高管"，只是被他的文名和收藏所掩，陆机《平复帖》、展子虔《游春图》和李白《上阳台帖》等国宝，都曾是他的家中珍藏。其父张镇芳，曾任清末的天津道、盐运使和直隶总督，权势显赫家财万贯，后创办了盐业银行，为著名的"北四行"之首，任董事长。父亲死后，张伯驹子承父业，仍挂着盐业银行总稽核之名。1942年，张在上海被汪伪特务绑票，绑匪开出200万赎金，他却抵死不愿以珍藏换命，差点被人撕票。档案里的一组函札，还原了那场绑架案的历史面貌。

银行家不是书法家，他们没有为人题字的习惯，其墨迹多属业务经营过程中形成的"公文"，尺幅不大，32开左右，与银行档案装订在一起，多数是函札、日记和文稿一类小品，写信用毛笔、日记用钢笔，当然也不绝对，好在这类物件率性洒脱，不拘形迹，情感流露自然，书法也因人而异，各具风采，张嘉璈的挺拔清健、陈光甫的规矩工整、叶景葵的俊秀雅致……所谓人如其文，人如其字，很有些道理。

银行家墨迹以函札居多，我参与编注的《上海市档案馆藏中国近现代名人墨迹》，共计收入两百多位历史名

49

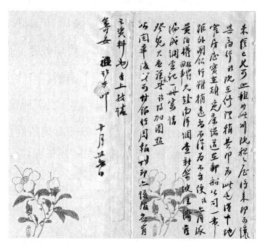

银行家墨迹多为函札、日记和文稿，图为贝祖诒致陈光甫函

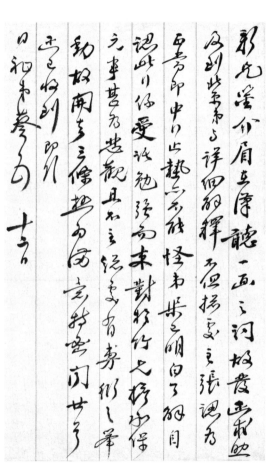

叶景葵文人习气浓厚。图为叶景葵致钱新之函

人，无论是寄件人，或是收件人，约摸半数与银行家有关，可见银行家人脉之广。他们交往的对象上至达官贵人，下至贩夫走卒，形成广泛的社会网络，如果将银行家的来往函件加以系统整理，将为中国近现代史的研究提供许多新的素材。我越来越感到，在诸多历史活动的背后，往往有金融这只手在舞动。

除书信函札外，银行家喜欢写日记，中国银行总经理张嘉璈、中央银行总裁贝祖诒、金城银行总经理周作民、上海商业储蓄银行总经理陈光甫等，都有日记面世。比起函札，日记的内容更有意思，往往起到揭秘、勘误、补缺、互证等作用。1927年南京国民政府成立前后，尽管银行家向蒋介石提供过巨额资金援助，但上台后的蒋介石却忘恩负义，翻脸不认人，采取了军阀加流氓式的掠夺手段，大肆勒索各大银行。张嘉璈曾托老友黄郛、张群向蒋介石疏通，希望保全中国银行的元气，也毫无作用。张嘉璈在日记中气愤难抑，批评蒋介石"军人不明财政，而处处干涉财政，前途悲观在此"。陈光甫则在日记里暗骂蒋介石为"新军阀"。

许多著名的文化人士与银行家关系密切，有大量书信往返。梁启超、胡适、林语堂、梅兰芳、金岳霖、宋春舫、林同济等著名学者，都曾得到银行家的经济赞助，当然他们也是银行家倾心请教的对象。弥足珍贵的是，他们的一些函札也留存在银行档案里，内容也与经济活动有关。从研究银行家生平和思想活动的角度来说，这些墨迹虽不是银行家本人的，但也是不可或缺的。可惜，迄今未见有银行家函札或银行家友朋函札出版问世，亦未见专门研究者和收藏者。

话说回来，我们以往对银行家墨迹的解读或研究，侧重于史料的内容和价值。其实目前大可注意的是，应该从文化和文物的角度，挖掘其书法底蕴，判断其在民国书坛的地位。这项工作之所以尚未起步，一个重要的原因，银行家不以书名闻世，银行家之墨迹留存自然不多，而且养在深闺人未识，因而迄今未被专家和大众所熟悉，自然也谈不上研究和判定。即使在以银行档案收藏宏富著称的上海市档案馆，所见银行家墨迹虽然绝对数量不少，但分散在成千上万卷档案里，就显得零星散叶，似乎无足轻重。若有有心人对银行家墨迹加以收集、整理、研究、出版，对丰富那个时代独有的金融历史和金融文化，尤其是民国书法史研究，功莫大焉。

段祺瑞南下秘辛

1933年2月，有传言准备"落水"的北洋老帅段祺瑞（字芝泉），暗中应蒋介石邀请，从蛰居的天津忽然南下上海，引起社会各界的关注，而予居心叵测的日伪当局，却是沉重一击。

段祺瑞虽然早已下野，但声望仍极高，他的许多部下还是唯他马首是瞻，一旦他真的上了贼船，或许还会掀起恶风浊浪。因此设法让段祺瑞避开日伪方面的网罗，离开是非之地，成了蒋介石的一块心病。恰巧，居住在天津的四行联合准备库及四行储蓄会主任、盐业银行总经理吴鼎昌，获悉日本人正在打段祺瑞的主意后，立即致电在上海的密友钱新之，建议由蒋介石出面邀请段祺瑞南下，并由钱新之秘密赴津接洽。钱新之时任四行联合准备库及四行储蓄会协理，与张嘉璈、陈光甫、李铭并称为金融界四巨头，无论在南方还是北方，人脉关系极为丰沛。

钱新之将吴的意见向蒋介石汇报后，得到蒋的赞同。蒋随即委派钱新之代表他敦请段祺瑞南下。

钱新之携带着蒋介石的亲笔信，赶到天津后，前往段的寓所拜见。钱转告了蒋的问候，并说蒋是段的学生（段祺瑞曾任保定陆军军官学校校长，而蒋介石是该校第二届学生），等将来国内局势稍微安定后，拟改组政府，请段出任总统，他自任副总统。徐铸成《报人六十年》一书，有吴鼎昌、钱新之列传，并引李思浩回忆说："合肥（指段祺瑞）当时姑妄听之而已。"想想也是，以段的阅历，哪会听几句客气话，就当成真的呢？

钱新之接着说，至于南下条件，一切从优，可以国民政府名义每月拨给生活费2万元。段的手下亲信，每月也给 1000 元津贴。段的亲信段宏纲（段祺瑞的侄子）、李思浩等，也已经被钱新之说服，因此都同意南下。

段祺瑞本来还在犹豫，是否要离开天津。蒋介石既然谦恭执弟子礼来请他，而且条件优厚，给足面子，于是顺水推舟，答应了蒋的邀请。在钱新之的陪同下，段祺瑞坐火车抵浦口，再由浦口过江抵南京下关码头，蒋介石率众前往迎接，这使得段祺瑞十分感激。段在南京拜谒了中山陵后，乘火车前往上海。

1933 年 1 月 24 日，段祺瑞抵达上海。起先由上海市政府安排，段祺瑞住进武康路的世界学社，不多久，时任南京国民政府军事参议院院长、也是段祺瑞学生的陈调元，执意要将自己在宝昌路的一座洋房（原盛宣怀家族所有，今淮海中路 1517 号三层大洋房）让给他居住。

段祺瑞连家带口住下后，因年事已高，身体欠佳，每日只以读书、诵经、手谈为乐，前来拜望他的新贵、旧友还是络绎不绝。其时附近还很幽静，洋房花园面积很大，有一块大草坪，现上海新村兴建时，划出了大草坪一部分。段祺瑞清晨常常绕着大草坪走上一大圈，直到身出微汗才回到屋内。

段祺瑞在上海的生活，仍由钱新之等人照料。钱也尽心竭力，不敢怠慢。段祺瑞发胃病，钱新之请来医生为他诊治，得以很快痊愈。按蒋介石的意思，钱新之每月给他2万元的生活费。钱新之送的钱，都用蒋介石的名义，从不归在自己名下，这就是钱新之的高明处。

我主编的《上海银行家书信集》，有"银行家的多重角色"一节，所引钱新之与蒋介石函电数通，记载段祺瑞在沪情形甚详。如1933年春节前夕，钱新之请示蒋介石："去年所送礼金数目记忆不清，请电示金额，当于年内代送。"旋即蒋介石来电，请代送2万元"红包"。钱新之遵命照办，并回复道："年敬2万元已代面呈，段先生嘱代电谢。"

蒋介石自己在南昌行营"围剿"红军时，还不时通过钱新之去电问候，可见蒋介石对这位老师的确恭敬有加。1934年11月14日，蒋介石来电相询："段先生近日健康否，请代问候。"钱新之17日回电道："芝老近日康健如常，已代问候，嘱道谢忱。"

对于蒋介石如此关照，段祺瑞心领神会，一再对外表示："救国必须自救，爱国不分朝野。"对于日本侵略，唯有积极准备，合力应付。汉奸王揖唐来电要他出山搞华北五省自治，也被他以"养疴海上，不问世事"为由拒绝了。

1936年11月2日，段祺瑞因胃溃疡大出血，病逝于上海宏恩医院（今华东医院），享年72岁。

段死后，国民党政府宣布给予"国葬"待遇。但葬在哪里，却有不同声音，有的论著说蒋介石的意思是将段安葬在南方，段家亲友多数也主张将段安葬于黄山，因为段是皖人，葬于皖南，合乎"树高千丈，叶落归根"的旧俗。蒋介石为此还拨了20万元，在黄山购置了一块坟地。只有段的长子段宏业坚决反对，表示："蒋介石不是好人，老爷子的遗体，千万不要和他沾边，还是应该安葬到北方去。"

旧时讲究长子代父，家中意见总以长子为主，结果段家达成一致意见，一定要将段的灵柩运往北京安葬。后来灵柩果然运抵北京，暂厝于西山卧佛寺后殿，七七事变后，因形势所迫，草草下葬于西郊。新中国成立后由章士钊等人操办，段氏被安葬于北京万安公墓，章手书："段公芝泉之墓"。

但据钱新之档案，实际上蒋介石并未反对段祺瑞安葬北京。

钱新之曾暗中请示蒋介石，蒋回电称，一切以段家意见为决定，"芝师葬地，弟无成见。总以其家族之意见为重。唯弟意，芝师生前事业究在北平，故若营葬北平，亦可为民族历史增光宠也"。可见蒋介石也是赞成段祺瑞北葬的，当钱新之将蒋介石的意思转告段家时，段的家人朋友才松了一口气。

吴鼎昌、钱新之的这一秘密使命，是民国历史上的重要插曲。在许多历史的危急关头，银行家发挥了多重作用。这种作用，决不仅仅局限于经济领域，更不是简单呈现在透明层面上。

杜月笙："曲蟮修成了龙"

大流氓出身的杜月笙，向来在上海滩呼风唤雨，平民百姓谈虎色变，听见他的名字都要哆嗦一下。

但杜月笙于四一二反革命政变后，果断抛弃打打杀杀的行为，挥别惊心动魄的做派，远离前呼后拥的排场。交友，谈笑无白丁，往来有鸿儒；外貌，长衫加马褂，一派斯文扮相；亮相，多在慈善公益场所，仿佛大善人。即使在那些自视甚高的军政要人、文人墨客眼里，与杜月笙交往也是与有荣焉。抗战结束后，杜月笙从重庆衣锦还乡，回到上海，要不是蒋介石阻挠，他就坐上上海市参议长的宝座了。

杜月笙自己也得意扬扬地说："我原来是强盗扮的书生，所以人家都怕我，现在是曲蟮修成了龙，在社会上有些地位了。"以笔者之见，杜月笙涉足银行界，结交银行家，甚而成为上海金融界的领袖人物，无疑是他转型成功的突破口。通过开办银行，进军金融界，杜月笙洗白了钱，也洗白了人。

1929年3月7日，一家取名"中汇"的银行，在八仙桥附近的爱多亚路97号开张成立，这是杜月笙创办银行的开始。他自任董事长。揭幕之日，车水马龙，宾客盈门。

原来，杜月笙为谋求"转型"，极力想打进工商金融界，主攻的目标就是银行公会。可即使以中汇银行董事长的身份，在银行界也难以排上号，更难以在银行公会获得发言权。杜月笙在商界的两位大弟子杨志雄和杨管北，经常到银行公会附设的餐厅吃午饭，杜月笙给他们的任务是"结交朋友"，越多越好，越近越好。两杨在此午餐两三年间，几乎认识了所有的银行巨子和金融领袖，而且遇到各家银行有什么困难，两杨回来汇报，杜月笙几乎有求必应，因此得到银行家们的一致好感。在此基础上，杜月笙与不少银行家也成了无话不谈的密友。有金融界才子之称的浙江兴业银行总经理徐新六与杜月笙接谈后，居然心服口服，对人说："英雄不论出身低，诚然诚然！譬如杜先生，就是一个例子。我简直不能想象，白相人地界里竟然也有杜先生这样的人物？太难得了，太难得了！"

当时许多人都认为，杜月笙经营烟赌娼可以，办银行，学问太大，他一窍不通，恐怕赚不到什么钱。事实上，众人都小看了杜月笙的法道。杜月笙虽然不懂经营，但可以请银行界中的大亨，如陈光甫、李铭、钱新之等人为他出谋划策；何况一些银行界的经理人才，许多人还是他的门生，如徐懋棠等，他也可以请来作职业经理人，经营问题当能迎刃而解。其次，银行都以储蓄、存款为大宗，只要将存款利息压低，放贷利息拉高，又何愁不赚钱？借钱不还，在别家银行可以商量，杜月笙的银行谁敢？

抗战结束后，杜月笙在上海的一次聚会上发言，其右侧为上海市市长钱大钧

此外像鸦片贷款，别的银行不敢做，中汇银行照做不误，这一业务自然可以独吃。杜月笙办银行的主要功能之一，就是"洗钱"，为他的鸦片贸易及其他黑社会生意的收益开辟进入合法生意的渠道。

1934年，杜月笙又耗资200万元兴建了中汇银行大厦，可见盈利不俗。这幢大厦位于今延安东路与河南南路交界处，新中国成立后长期作为上海博物馆使用。大楼呈装饰艺术派风格，虽然层数不高，但形体高耸而美观，给人感觉中汇银行的实力不凡，起到了很好的广告效用。澳大利亚国立大学的布赖恩·马丁教授（Brian G. Martin）在《上海青帮》一书中说，在中汇银行的二楼，杜月笙有一间宽大的办公室，只有乘一座防弹的私人电梯才能到达，"这间办公室成了20世纪30年代中期杜月笙操纵金融和商业的神经中枢"。

其实，仅从业绩来衡量，那更小看了杜月笙的智商。杜月笙对从银行赚到多少钱，并不太在乎。但一定要达到两个目的：一是"洗钱"，二是"洗人"，这才是问题的核心。杜月笙通过进军金融业，开办自己的银行，得以参加银行公会；银行公会的重要成员多为江浙财阀，即上海工商界的头面人物，而上海工商界的头面人物，无疑也是全国工商界的头面人物。杜月笙要在政治上有所作为，首先要脱离黑道，在工商界另起炉灶。与银行家们平起平坐，便是捷径。到30年代末，杜月笙更担任了中国通商银行董事长，中国银行、交通银行等大银行的董事，在金融界牢牢扎下了根，地位显赫，遂了他的初衷。

上海解放前夕，时任台湾省主席的陈诚，奉蒋介石命来电敦促滞留上海的陈光甫、李铭和杜月笙赴台湾。电报是发给他们三位的，可见杜的地位已经与陈光甫、李铭等大银行家相当，成为名副其实的金融界领袖人物了。1950年4月，中国银行在北京召开董监事会议，邀请原董事宋汉章、张嘉璈、陈光甫、李铭、钱新之等银行家回京参加会议。这批金融巨头在陈光甫创办的香港中国旅行社开会商量，犹豫不决，问计杜月笙。杜沉默良久，说："大家目前不便公开回京，但可出具委托书，委托专人赴京与会。"

虽说杜的做法只是骑墙派，蒋介石却深感不安，派人前来质问，杜月笙对大家说："坚持立场，不作改变，一切由我负责。"众皆服从，按计而行。在香港，杜月笙仍是银行家的台柱。

张嘉璈被迫去职

在风浪中成长起来的第一代新式银行家，挟雄厚经济实力，享显赫社会声望，并与英美政经界有着诸多联系，他们不仅在经济上，而且在国家政治生活中，成为一股日趋壮大的力量。而新式银行家中的翘楚，毋庸置疑是中国银行总经理张嘉璈。

中国银行在上海开业后，一直在外滩汉口路3号（即大清银行旧址）办公营业。一战期间，又趁机购下外滩德国总会会址，经过局部修缮后，于1923年迁入该楼营业。该楼造型独特，其极富异国风情的屋顶，在外滩的万国建筑中独树一帜。

但几年后，发现这栋大楼内部结构、营业面积和运转流程，已与一家快速发展的现代化大银行不相适应，尤其与中国银行在金融业的龙头地位不相称。

经董事会讨论同意，中国银行决定于原址重建大楼。张嘉璈认为："中国银行实力，足与驻在上海之欧美银行相抗衡，必须有一新式建筑，方足象征中国银行之近代化，表示基础巩固，信孚中外。"

中国银行大楼由公和洋行担任设计，但主要设计师之一却是广东新会人陆谦受，他与公和洋行设计师威尔逊一道，承担中行大楼的设计工作。1929年张嘉璈访问伦敦期间，巧遇正在攻读建筑学的陆谦受，颇为赏识，遂邀请陆到中行工作，任命陆为总行建筑课长。20世纪30年代，陆谦受与杨廷宝、童寯、李惠伯四人并称建筑界四大名旦。在外滩清一色西洋建筑风格中，中国银行大楼却融入了诸多中国元素，如大门上方的孔子周游列国石雕，应出于陆的设计理念。

令人意料不到的是，就在中国银行快马加鞭发展，

　　1934年中国银行大楼设计效果图，为前后双塔形的摩天建筑，远高于隔壁的沙逊大厦

Driving 75 foot and 100 foot Piling for the new Bank of China Building, Shanghai, December, 1935

1936年10月10日，中国银行新大楼举行了开工典礼。图为中行新大楼建筑工地

中国银行大楼开始设计建造之际，作为总经理的张嘉璈，却递交了一纸辞呈，离开了他已经奋斗了22年的中国银行。

张嘉璈辞职并非他的本意，那么，其间有何隐衷呢？他的离去，对中国银行大楼的建造有何影响呢？

其时金融危机——史称白银风潮，日益严重，导致巨额白银外流，通货膨胀严重，进而人心浮动，挤兑频频，一些实力不济的银行钱庄纷纷倒闭，中国银行也因此大受影响，利润大幅下降。

张嘉璈在日记里写道："目睹此项危机，明知不能不亟谋补救，顾银价之能否阻止提高，其权操之于美国之手，唯有一面联合同业向美国当局呼吁，一面向政府贡献对策。"

可是他没有料到的是，就在他联合同业寻求对策时，南京国民政府却已磨刀霍霍，准备向他开刀，主使者便是蒋介石本人，蒋的亲自干预，决定了张嘉璈的结局。蒋介石要将张嘉璈拉下马，是有着多重考虑的。

南京国民政府成立后，随着政权的逐渐稳固，财政经济状况并不同步好转，因此加快步伐控制金融界，尤其是领头羊中国银行，已经成为当务之急。

作为中国金融业第一人，张嘉璈的资历声望，颇为蒋介石所忌惮。上海银行家惟张嘉璈马首是瞻，而且张频频在政治生活中发声，显然有不可小觑的影响力。更要命的是，他的所作所为，并不与蒋介石的想法相符，一个要在商言商，独立经营；一个要纳入政府麾下，归政府统制，如何可能一致呢？

蒋介石一上台，就对中国银行有过多次行动，不仅摊派借款，而且派员前往中国银行检查账目，以此为名进行勒索，结果被张嘉璈拒之门外；蒋又派员去张嘉璈家中闹事，也被他严词斥责。因此蒋介石早就对张嘉璈心生不满，亟欲去之而后快。

可是，要让张嘉璈脱离中国银行并非易事，他经营多年，盘根错节，股东们对他极为信赖和拥护，除他之外，谁能担得起中国银行这副担子呢？

白银风潮的到来，让蒋介石抓住了一个难得的契机。

蒋介石、孔祥熙、宋子文等人认为，在金融危机的形势下，改革现有金融体制，尤其是改革币制问题，当是适宜之举。但要改革，首先必须控制全国的财政金融，而中国银行不由政府占主导地位，就不能说控制了全国的金融大权，因此减少中国银行的商股，加入官股并占据绝对份额，成为政府掌控中国银行的最佳途径。

1935 年 2 月，蒋介石曾与孔祥熙、宋子文商议此事，蒋称："国家社会皆频破产，症结乃在金融币制与发行不能统一，其中关键全在中、交两行固执其历来吸吮国脉民脂之反时代之传统政策，而置国家社会于不顾。"

意思很明白，中国银行、交通银行这样的大银行，如果不完全听命于政府，那就是反动机构，后果很严重，何况现在经济形势恶劣，症结在于中国银行等"置国家社会于不顾"，应趁此次白银风潮的机会，迫使张嘉璈辞职。一旦群龙无首，整个金融界可顺利被政府攥于手中。

得知蒋介石要他立即辞职的传闻，张嘉璈连忙赶往莫干山，求见正在那里疗养的好友黄郛，探听风声。黄与蒋介石关系莫逆，在日本时就是拜把子兄弟，可是黄也不知内幕。无奈，张嘉璈借用黄的密码本，致电蒋介石，希望能过渡一段时期，待金融风潮稍微平息后再考虑辞职。

张嘉璈措词委婉，可惜蒋介石没给面子。孔祥熙、宋子文上门奉告：请他辞职，是蒋本人的意旨，无法转圜。

张嘉璈气愤、郁闷而无奈，回想起1927年4月，他老母亲病逝，蒋介石还亲临家中祭奠，不禁有此一时彼一时之想。彼时，蒋介石有求于他，多次从中国银行借款，并由他出面向其他银行商借，现在早已不用这一套了。实际上从南京国民政府成立以后，蒋介石对银行家的态度就发生了180度大转弯，这也才会发生多次勒索银行家的事情。

张嘉璈心情抑郁，住进了医院，同时以退为进，声明辞职脱离中行，并要求政府派他出国研究考察。

张嘉璈的心情，蒋介石岂能不知，他知道张嘉璈是金融干才，且深孚众望，并不想过分为难他，这就是蒋介石的高明处。只要他离开中国银行，其他都好商量。蒋介石托人捎话，希望他在政府机构内担任其他部级职务。

眼见木已成舟，张嘉璈在日记里写道："天下无不散之筵席，手栽的美丽花枝，何必常放在自己室内。能让人取去好好培养，何尝不是一桩乐事。"

说过一通违心之语，话锋一转，这才吐露真情：

"所惋惜者，自民国成立后，希望以中行之力，辅助政府建立一完善之中央准备银行，一面能永保通货健全，一面能领导公私金融机关分业合作，创造一力能发展经济之金融系统，庶几内有资金充沛之金融市场，外具诱导外资坚强信用……此志未遂，斯为憾事。"

最后，中国银行增加的官股为1500万元，与商股相同。实际上，政府注入的只是空头支票式的"公债预约券"，三张债券，各500万元，加上原有官股500万元，共计2000万元，不费分文现金，就把中国银行的控制权夺了过来。总经理一职，由中国银行另一位元老宋汉章担任，董事长宋子文把控实权。

离职之际，中行董事会鉴于张嘉璈长期工作经历和卓越贡献，特别拨付了16万元"退职赠与金"。经银行财务核实，他历年因公私应酬和资助他人，尚亏欠银行五六万元。除抵缴该部分经费外，张嘉璈因并无其他房产，遂花费 2 万元购置了一套住房。随后搬出租住的中行别业。

张嘉璈晚年，曾有人问他这一段历史，蒋介石逼他离开中行的原因何在，他直言不讳道："财政当局要拿银行当国库，我以为银行是银行，国库是国库，这一点意见不合，所以造成了我离开中国银行的最大原因。"

与张嘉璈离职几乎同时，德国总会开始拆卸，准备在原址兴造中国银行新大楼。新大楼高度，从当初设计的 34 层楼，降低为 18 层楼，实际建造时，再改为 17 层楼，比原先的设计，几乎降低了整整一半。据大厦开工纪念册记载，中行大楼的高度为 227 英尺，合 69.89 米，明显低于隔壁 77 米的沙逊大厦。这与张嘉璈的去职并无多大关系，在当时金融风潮的背景下，日益发酵的经济危机才是导致财政资金无法从容拨付，楼层一减再减的原因。

张嘉璈辞职后，还有一段日本人挖角的插曲。张毕业于日本庆应大学，与日本政要和经济界人士有一定的来往，他们得知张被迫辞去中国银行总经理职务后，立即暗地策划，准备以巨额酬金聘任其为有日伪背景的华北准备银行总裁。正在北平的张嘉璈"闻之骇然"，怕上了贼船，连夜南下出任徒有虚名的中央银行副总裁一职，其后转任铁道部部长。

章乃器自掉金饭碗

20世纪20年代初期，当时各大银行的放贷，因为一些工商企业不守信用，又缺乏深入细致的调查研究，致使呆账坏账比比皆是。张嘉璈、李铭、陈光甫等资深银行家认识到，应该成立一家联合信用调查机构，为银行放贷把关，遂委派年轻有为的章乃器负责筹备。

章乃器并非科班出身，但凭借自身的勤奋努力，从练习生逐步升到银行高管，而且好学深思，是上海少有的金融理论家，当时担任上海浙江实业银行的副经理。该行为"南三行"之一，实力雄厚。

章乃器

好事多磨，直到 1932 年 6 月 6 日，中国第一家独立的信用调查机构——中国征信所正式成立。

　　中国征信所采取会员制，各大银行、钱庄均可加入，章乃器当选为董事长。中国征信所的主要业务是信用调查，包括工商企业及个人的身家、事业、财产和信誉情况等，并将所得资料加以整理，制成报告或出版物，提供给各工商企业或委托人参考。中国征信所的成立和运作，为金融业的健康发展起到了良好的作用，其本身的影响也日益扩大。

　　随着抗日救亡运动兴起，章乃器与沈钧儒、马相伯、邹韬奋等著名爱国人士共同发起组织上海文化界救国会，提出"停止内战，一致对外"的政治主张，章被选为执行委员。稍后上海各界救国会、全国各界救国会相继成立，章乃器一直是核心人物。救国会参与领导的活动中，最有影响的是鲁迅先生的出殡，由上海地下党安排，经许广平同意，指派四位救国会领袖沈钧儒、章乃器、邹韬奋和史良扶柩，灵柩上还覆盖了写着"民族魂"的旗帜，游行队伍达五六千人，十分轰动。

章乃器下笔很快，救国会的文件、宣言十之八九都由他执笔，往往一边吃饭，一边与人讨论，饭后一篇宣言差不多成文，因此被人称为"宣言专家"。成文后，章乃器直接把宣言带到印刷厂秘密印刷。中国征信所也有一家小型印刷厂，安排不过来的时候，他也会把救国会的宣传品，带到那里悄悄印刷。章乃器是救国会的领导人，又担任着中国征信所的董事长，自然而然使征信所成为救国会的一个重要据点。照章乃器的说法，救国会"培养了一批爱国青年，掩护了不少革命干部"。

据章乃器《我和救国会》一文回忆，蒋介石曾召救国会领袖谈话，意在拉拢。蒋介石对章特别客气，说："我知道你在银行里工作得很好，肯研究问题，有事业心。"谈话后，蒋介石又宴请他们，吃的是西餐，由幕僚长陈布雷作陪。如此待遇，非同一般，但章乃器他们并不吃这一套，回来后继续搞救亡运动。

当时上海市长为吴铁城，此人资历很深，也是老同盟会员。因为救国会在上海"闹得更凶"，被蒋介石责骂，于是也请章乃器等人到市府吃饭谈话，同样不欢而散。

事后，他打电话给李铭。李是章乃器所在的浙江实业银行董事长兼总经理，对章的去留有决定权，章也很听李的话。吴铁城威胁说："你们的银行不应该容留章乃器这样的人；不去掉章乃器，要对你们的银行不利！"

李铭当即表示，章未违反行规，不能无故辞退。放下电话后，他与上海浙江实业银行经理陈朵如商量，陈说："国亡不存，何来个人幸福？"两人均认为爱国无罪，章乃器又是难得的金融干才，但为银行和个人安全起见，不妨先避避风头，送他出国一段时间，一切待遇从优。

李铭找章乃器谈话，委婉地说："银行决定出钱送你到英国去留学，这里的薪水照发给你家。你到英国去学习三五年回来，那时不但银行需要你，国家也需要你。"

章乃器不假思索地回答说："那还是让我辞职吧。我不能让银行受累，但也不能离开救国会，那是关系国家存亡的事业。"说完，便立即要求办理辞职手续。李铭一再劝说，章仍坚持己意。

辞掉银行的职位，也等于辞去中国征信所的董事长职位，因为他代表银行界管理这一征信机构。比较起前者，章乃器更难以割舍后者，心底难免有些波折。中国征信所具有开创性的意义，又是他一手创办起来的，现在已然成为金融界不可或缺的重要机构；他所担任的中国征信所董事长一职，也被认为是金融界最重要的职位之一，比起上海浙江实业银行副经理一职，在金融界的影响更大。何况中国征信所本身的事业正蒸蒸日上，按章自己的说法，"在我的领导之下，它打垮了三家日本人的信用调查机构和一家美国人的信用调查机构，成为全国独占的事业"。

尽管如此，章乃器没有犹豫，当场在银行内将辞职手续办妥，连家里都未来得及通知一声。章乃器后来回忆说："在那连生死都早已置之度外的高昂情绪下，丢了一个银行的金饭碗和一个留英的镀金机会，能算什么呢？"

消息传出后，许多朋友连叹可惜，要知道这两个职位的薪水多么丰厚，社会上当时就有"章乃器自掉金饭碗"之说。确实，近代中国或许少了一位杰出的银行家，却多了一位坚强的民主斗士，最终章乃器成为震惊中外的"七君子事件"的主角之一。

金融元老叶景葵

　　20 世纪 80 年代末，我曾数次拜访著名图书馆学家、书法家顾廷龙先生，或约稿或闲坐。顾老恂恂长者，学问深厚，为人温润静穆，坐在他并不宽大的居室里，满屋书香，真是如沐春风。一次他取出一本《叶景葵杂著》，说是他编辑的，题签后送了我。杂著作者叶景葵是大藏书家，自号书寄生，内容有书跋、札记、诗词、回忆，全是旧时文人气息。其中一篇谈收藏顾祖禹手稿本《读史方舆纪要》事，说该稿到手时，"则故纸一巨包，业已烂碎"，遂不惜工本请人修补，花费两年时间，"于是完整如新矣"。抗战初期，叶景葵与张元济等人在租界创办合众图书馆，不仅捐出全部善本书籍，而且在图书馆旁造屋居住守护。顾老说，他在合众随叶先生工作十年，受益良多，故有编辑此书之举。看得出他对叶景葵的尊重和怀念。

彼时印象留存至今。近年因涉猎近代金融史研究，才知道叶景葵还是一名大银行家，如果从1915年担任"南三行"之首——浙江兴业银行董事长算起，到他抗战结束后辞去这一职务，竟然连任长达30年之久，这在上海金融界几乎是一个奇迹，更不用说之前他担任大清银行监督等其他经历了。

叶景葵是举人、进士出身的文士，曾为晚清大吏赵尔巽捉刀弄笔多年，也没有海外留学的经历，这在新式银行家中是极为罕见的。因在晚清官场的口碑和才干，在大清朝廷倾覆前，他竟以三品京堂候补身份，受命署理大清银行（即中国银行的前身）正监督，得以一脚跨入近代金融业的核心圈内。

武昌起义爆发，照理说覆巢之下安有完卵，叶景葵却在辞职前数日，以三张长芦盐票向法商东方汇理银行作抵押借款，平息了一场因清皇室退位而引发的大清银行挤兑风潮。他辞职后，大清银行秘书长项兰生联络部分浙江籍股东与高级负责人，发起成立大清银行股东联合会。随即由联合会主持，厉行改革，又得到孙中山的支持，迅速将大清银行改组为中国银行，开创了近代中国金融业的新纪元。这一切都与叶景葵有关，因为实施改组事宜的基本班底，仍是他周围的一批挚友。

后来的许多金融巨子，早先都得到过叶景葵的提携。宋汉章出任大清银行上海分行经理，系由叶景葵推荐，清政府任命。辛亥革命后，叶去职，宋仍留任。1916年宋汉章、张嘉璈公开抗拒袁世凯的"停兑令"，宋于事前密访已经离开中行、时任浙江兴业银行董事长的老上司叶景葵。在叶景葵等金融界元老的支持下，上海中行终因应付得当，度过风险。

除宋汉章外，叶景葵在中行时，聘请幼年同学项兰生为总办事处的书记长（后任秘书长）；吴鼎昌为南昌分行经理。吴后任盐业银行董事长兼总经理，1921年盐业、金城、中南、大陆四家银行成立联合营业机构后，又担任四行联合准备库及四行储蓄会主任。吴在任期内，兴建了著名的上海国际饭店，作为四行的营业场所。1935年以后，吴鼎昌弃商从政，历任国民政府实业部长、贵州省政府主席、国民政府文官长、总统府秘书长等职。

在浙兴担任董事长时，叶景葵又从中国银行物色了两位得力干将徐寄顾和徐新六。徐寄顾，字陈冕，日本留学生，曾任中国银行九江分行经理，到浙兴后担任办事董事兼总司库。他在主持总司库时，倡导该行准备金实行百分之百的现金，使浙兴信誉大增。抗战胜利后，叶景葵辞去浙兴董事长职务，即由徐寄顾继任；徐新六，字振飞，留学英法等国，任过财政部秘书、中国银行总会计等职，到浙兴后担任书记长，后改任总经理。在徐新六任总经理期间，浙兴大量向民族工商业放款，1938年因所乘飞机被日寇击落，不幸罹难。

叶景葵是近代金融界当之无愧的元老，但为人低调，有很浓的文人气。他在金融界的资历、声望足以使他在社会活动方面游刃有余，但他从不沽名钓誉，更不假公济私。他担任浙兴董事长后，便在报端发表启事，称亲朋好友说项求职之类一概不应。南京国民政府成立后，"南三行""北四行"的总经理或董事长，均与蒋介石关系密切，只有叶景葵始终不为所动，游离在政治秀场外。

这样的洁身自好，为叶景葵带来了清誉，却在某种程度上使浙兴的业务发展受到影响，因为在近代中国，没有政治靠山的企业很难获得特殊利益。叶景葵虽然感到内疚和自责，但个性使然，仍能淡然处之。

上海解放前夕，国民党军警疯狂镇压学生运动，抓捕爱国学生，叶景葵与张元济、陈叔通等社会名流十人共同具名，分函吴国桢（上海市长）、宣铁吾（淞沪警备司令）抗议，被称为"十老上书"，是上海解放前夕有名的历史事件。这时候，叶景葵已经是著名的爱国社会活动家了。

（本文系为柳和城编著《叶景葵先生年谱长编》所作之序，有删节）

白银危机与傅筱庵的命运

1940 年 10 月 12 日,上海《申报》刊登了一则醒目的报道:"虹口昨晨血案,傅筱庵被刺身死;祸生肘腋老仆持刀暗杀,日方大事搜查并无所获"。

傅筱庵,名宗耀,以字行,时任日伪上海市市长,在警戒森严的家里,他被军统收买的仆人朱升用一把菜刀结束了他的汉奸生涯。其实早在五年之前,即 1935 年白银危机前后,傅筱庵的结局似已注定。

傅筱庵是上海工商界的元老,早年他跟随盛宣怀、严筱舫经营企业,因精明能干深获赏识。1919 年,傅筱庵出任中国第一家华商银行，也是第一家发行钞票的华商银行——中国通商银行的总经理、董事长，后又在控制上海的北洋军阀孙传芳支持下，取虞洽卿而代之，担任上海总商会会长，但仍兼任多家企业的总经理和董事等，成为上海商界炙手可热的实权人物。

可惜傅筱庵太不识时务。蒋介石率军北伐时，为寻求军饷，暗地里与傅联络，要他接济资金，竟被他一口回绝。相反，傅筱庵却继续支持孙传芳对抗北伐军。傅当时担任着招商局总经理，他利用职务之便，用招商局的船只为孙部免费运送军火和部队。而上海商界的其他头面人物如虞洽卿、陈光甫、钱新之等，为表明政治态度，与傅分道扬镳，另行组织上海商业联合会，秘密资助蒋介石北伐。

1927年蒋介石率军北伐到上海后，对傅的行为余怒未消，下令逮捕傅筱庵。傅连夜逃至日本势力庇护下的大连。

几年以后，傅筱庵以为风头已过，托人向蒋介石求情通融，得蒋默许后返沪。此时傅的上海总商会会长一职，已被虞洽卿取而代之，他继续担任中国通商银行总经理等职。傅筱庵明白，政治上他被边缘化了，属于过气人物，社会地位与以前不可同日而语，如何翻身成为他的执念。有人说，傅筱庵后来下水做了汉奸，被军统设计暗杀，与1927年的政治变故有关，要不是蒋介石的通缉、冷落，他在上海滩商界第一人的地位稳如泰山，而且商而优则仕，他在社会上的地位，自当更上层楼，尚不至于走上这条邪路。

此论显有本末倒置之嫌。而且，事情如果到此结束，或许还不算坏，至少能相安无事。再次动了傅筱庵的"奶酪"，是1935年的白银危机，蒋介石借机敲打，将他从通商银行总经理的位置上赶了下去。砸了他最后一只饭碗。傅筱庵自然是情何以堪。有时就是如此，决定一个人命运的，往往不是政治因素，而是经济因素。

其时，上海金融界在与国民党政府协力应对白银危机时，产生了不同程度的分化，或与政府的关系更密切，或被边缘化，甚而被政府借机整肃，傅筱庵即是后者。

自从南京国民政府成立后，通商银行的境遇每况愈下，撇开政治因素不论，经营方面也遭遇麻烦。坏账比重大，一直是通商银行的致命弱点。该行放款总额为2228万元，一大半无法收回，如北京政府欠款230万元，长兴煤矿、招商局、汉冶萍公司三大户拖欠也达500万元，其他达官贵人借用款项也数额巨大，均拖延跌宕，成为呆账、烂账无法收回。待到白银危机起来，又有一批通商银行的放款大户相继宣告破产，通商银行遭到重大打击，发生挤兑风波。

当时位于上海福州路、江西路口的通商银行大厦刚刚开建不久，也受金融危机的影响，显得骑虎难下，资金周转出现问题。通商银行大笔放款的房地产押款无从催赎，如"谢伯记"以大量房地产作抵押的欠款有100万元，亦遥无归期。许多房地产公司干脆把押品推向银行，但在市道低迷之际，又如何出手呢？

为了应对风潮，傅筱庵不得已决定出售通商银行大厦，得款维持银行的周转。恰巧宋子文正联络英美法财团及国内的主要银行，集资1000万元设立"中国建设银公司"，需要一幢体面的办公大楼，经人牵线，双方谈判收购大厦事宜。通商银行大厦地上 17 层，地下 1 层，为近现代主义的建筑风格，在当时上海也是屈指可数的雄伟建筑。大厦尚未正式完工，但实际已经支付造价 180 万元。经过一番讨价还价，双方协议按 180 万元转让，利息不计。通商银行大厦就易帜为"建设大楼"。该楼新中国成立后被上海冶金工业局等单位使用。原属通商银行大厦的历史，几乎无人知道。

在内外夹攻下，傅筱庵步步退让，国民党政府乘虚而入，接管了中国通商银行，并改组为政府控制下的"官商合办银行"，不仅使其成为政府金融资本的重要组成部分，而且借机清除了异己。1935 年 6 月 7 日，在蒋介石的授意下，杜月笙取代傅筱庵任中国通商银行董事长。

白银危机中，南京国民政府的政治干预更加强硬，对金融行业的控制更为牢固，对银行家的掌控也更为得心应手。这是因为国民党政府经过七八年的经营，社会治理尚属有方，政治统治趋向稳固，上海也进入了所谓的"黄金时代"。政府通过对中国银行、交通银行等大金融机构的改组，使上海金融界不复有实力与之对抗。

银行家见识高远，总能紧随时代的潮流前行。风暴过去，与国民政府关系密切的银行家，如吴鼎昌、钱新之、陈光甫、李铭、贝淞荪、叶琢堂、胡孟嘉、胡笔江、徐新六等，一些人直接参与了国民党政府财政经济政策的制订，人脉丰沛，消息灵通，在上海金融界中掌握了充分的话语权，而他们所掌握的银行也平稳度过了此次金融风潮。

相反，不善政治经营，缺乏各种背景的银行家，或辞职，或退居二线，或被蒋介石"另有任用"。而傅筱庵不仅失去了政治地位，连银行这只金饭碗也没保住，这才是他最心生恨意之事。傅筱庵离开上海后，再次避居大连。之后他的名字就很少出现在报纸上了。

两年后，八一三淞沪抗战爆发，日军占领上海华界，不甘寂寞的傅筱庵在日军的拉拢下重回上海，于1938年10月16日在江湾原市政府礼堂宣誓就任"市长"，自以为可以一展宏图。傅筱庵仍念念不忘他的银行，在他罗列的八条施政纲要中，第七条即为"设立银行"。比较其他金融巨子，傅筱庵显然是不识时务、固执己见的"俊杰"，一错再错，最终引来杀身大祸。所谓咎由自取，确乎如此。

徐新六惨遭殒命

在近代中国银行家群体里，徐新六是富有书卷气的一位，素有才子之称。

曾任国民政府资源委员会委员长的钱昌照，称徐新六是他最好的朋友，两人都在英国伦敦留过学。谈及老友徐新六，钱昌照说："他人缘极好，中外朋友很多，没有银行家的脾气。在上海地区银行界知识分子中，他不卑不亢，诚诚恳恳，易于亲近，不随便同别人唱同一个调子，不冲动，能忍耐，不迁就流氓集团，不得意忘形，也不想接近权贵，对进步党人如梁启超等较为接近。他在担任浙江兴业银行经理时，不做投机买卖，对好的企业则乐于帮助。"

另据徐新六同事、朋友回忆，徐为人儒雅，平素手不释卷，办事有条不紊，即使遇到不顺心的事，也从不疾言厉色，对下属总是循循善诱，在金融界又得有一个"圣人"的雅号。

徐新六，字振飞，浙江余杭人。出生书香世家，父亲徐珂乃一介名士，编纂过一本《清稗类钞》，类似大清一代的社会百科全书，是研究清史的必备参考书。后为张元济延聘，担任过商务印书馆编译所杂纂部长，编辑出版了许多著作，除《清稗类钞》外，还有《清朝野史大观》等。

与父亲的路数不一样，徐新六留学英法，攻读经济及财政学。徐新六学成归来，参加北京政府高等文官考试名列前茅。旋在财政部公债司任佥事，很得部长梁启超的赏识，兼任过他的秘书，后又调往中国银行任职。巴黎和会期间，梁启超以中国代表团非正式顾问的身份前往欧洲，开展国民外交活动。随行的成员中，既有张君劢、蒋百里、丁文江等各界名流，也有年仅 28 岁的徐新六。

欧行途中，梁启超等人频繁接触欧洲文化精英，邀请他们来华访问。为此组织了"讲学社"，专事负责接待欧美文化界名人访华事宜，由徐新六、胡适等人具体负责。讲学社成立后，邀请到当时被称为"外国四大明哲"的杜威、罗素、杜里舒和泰戈尔访华，为新文化和五四运动注入了新鲜活力。

胡适与梁启超结识，还是由徐新六介绍的。胡、徐关系莫逆，徐的太太与胡适太太江冬秀，是十分要好的"闺蜜"兼"麻友"，经常在一起摸上几圈。胡适在上海家居的一应用具，都是徐太太买好送过去的。胡适日记中也多处提及徐新六夫妇，1930 年 11 月 28 日，胡适"从沪迁平"，送行的人群中就有徐新六夫妇。

徐新六作为银行家，其主要职务是浙江兴业银行总经理。他进入该行，得自于叶景葵的赏识和提携，先任该行办事处书记长，1923 年担任副总经理，1925 年起担任总经理，直至 1938 年不幸罹难。

叶景葵是金融界的老前辈，曾受命署理大清银行（即中国银行的前身）正监督，后得到孙中山的支持，迅速将大清银行改组为中国银行，开创了近代中国金融业的新纪元。后进入浙江兴业银行，任董事长。

由于当时新式银行已经实行现代化的管理制度，且见成效。叶景葵感到浙兴在现代经营理念方面落后于上海、金城和浙江实业等银行，也自认未专门攻读过银行财政方面的专业知识，总有不少缺憾，因此期待金融知识丰富、年轻有为的徐新六，能以新的经营理念和管理方法，带领浙兴更上一层楼。

果然，徐新六担任浙兴总经理后，浙兴蒸蒸日上，在 1921 年到 1927 年间，其存款额在民营银行中处于领先地位，故而得以跻身著名的"南三行"之列。

"南三行"是江浙沪地区背景的三家新式银行：浙江兴业银行、浙江实业银行和上海商业储蓄银行，"南三行"虽然没有"北四行"那样的联营形式，但在经营上互相支持，如合作贷款，互相兼任董事或监事等，因叶景葵不太出头露面，徐新六与浙实董事长兼总经理李铭、上海商业储蓄银行总经理陈光甫三人，成为"南三行"的核心人物。

1927年南京国民政府成立后，浙兴的业务发展不及与政府关系密切的浙实和上海银行，但浙兴仍有许多地方可圈可点。

浙兴对民族工业企业非常支持，遇到一些企业发生困难时，叶景葵、徐新六常以巨额资金贷款。不过，他们事先都会评估该企业及其负责人的信用和能力，确保这种投资不仅颇有收益，而且赢得社会赞誉。比如投资建造钱塘江大桥。这座桥是在桥梁专家茅以升主持下修建的我国第一座现代化大桥，建设费用浩大，需要多家银行组成银团共同贷款才能负担。叶景葵、徐新六义不容辞，承担起筹组银团的重任，他们联合中国银行、浙江实业银行等，共同投资200万元，其中浙兴自认投资一半，即100万元。

叶景葵性格耿直，与蒋介石等人关系冷淡。徐新六与蒋介石也是若即若离。他曾被蒋介石召往庐山座谈财政金融问题，陪同前往的钱昌照回忆说："徐对蒋的印象并不很好，以后也未想法多接近他。"参加座谈的另一位银行家吴鼎昌，夸夸其谈，很受蒋介石赏识。吴鼎昌后来从政，担任过贵州省省长、国民政府文官长等职。

虽然如此，但因徐新六在财政金融界的声望，仍得以兼任国民党中央全国经济委员会、国民政府全国经济委员会、国民经济建设运动委员会、财政部币制研究委员会委员等职，并参与了中英借款、白银协定、币制改革等重要工作。

1935年国民政府准备实行币制改革时，为求保密，仅有宋子文、钱昌照、英国财政专家李滋罗斯和负责具体方案的徐新六、顾栩群、李滋罗斯的助手罗杰斯、霍尔伯契等人参加，连孔祥熙都未过问此事。就在上海外滩海关大楼八楼的一套房间里，徐新六等人连着工作了三个多月，终于将方案确定下来。这次币制改革，统一了近代中国混乱的货币发行权，废止银本位制，实行法币政策，在近代史上是一次重大的财政经济改革且获得较好的效果。

八一三淞沪抗战爆发后，日军占领上海租界周围地区，租界成为"孤岛"。国民党政府财政当局要求徐新六、李铭、席德懋等人留守上海，维护金融安定和利益。此时，谢晋元率四行孤军退入租界，遭到日伪和工部局迫害，徐新六在工部局董事会会议上，拍案而起，以华董的身份，提出强烈抗议。

自20世纪20年代末，上海公共租界工部局才允许华人参政，徐新六是工部局五位华董之一，连任十年之久。其他四位华董是：袁履登、虞洽卿、贝祖诒、刘鸿生，要么德高望重，要么后起之秀，但共同的特点是在上海有较高声望，却不担任政府官职。其中贝祖诒也是银行家。西安事变爆发后，因为徐新六与欧美政要关系密切，交际手腕高明，一度有出任外交部长的传言。

1938年8月，正在香港的徐新六接到国民政府通知，拟组代表团赴美商谈借款事宜，要徐新六先返还重庆。

8月24日，徐新六搭乘"桂林号"邮机从香港飞赴重庆，同行的有交通银行董事长胡笔江夫妇，加上其他乘客及机组人员，共19人。当飞机飞至广东中山境内时，突遭五架日机拦截扫射，机体多处中弹。飞机迫降

　　徐新六系上海英租界工部局的五位华董之一（左起：徐新六、贝祖诒、虞洽卿、袁履登、刘鸿生）

于一条河面上。然而，日机却趁机对着河面上的飞机再三投弹轰炸、机关枪扫射，徐新六和胡笔江夫妇均惨遭杀害。那年徐新六年仅48岁，胡笔江也只有58岁。

遇难者除徐新六和胡笔江夫妇外，尚有立法院长孙科的四名随员、中央储蓄银行经理许某、聚兴城银行董事长之子杨锡远、财政部秘书王亮浦、柏林大学中文讲师陆懿、归国华侨楼兆南夫妇及其年仅两岁的女儿，现场惨不忍睹。

中国银行总经理宋汉章恰在香港，得知噩耗后，连夜向叶景葵等人通报情况："二十四日徐新六兄乘中航机由港飞渝，经中山县境惨遭狙击，竟致殒命。（宋）子文董事长派员三人，前往肇事地点收殓。新六兄遗体并施以化容及防腐等手术，俾垂永久。犹忆上星期六晚间，曾与新六兄作一度之茶叙，谈笑甚欢，恍在目前。不料别甫四日，永隔人天！思之黯然神伤也。"

张伯驹绑架案始末

1937 年八一三事变后，日寇的铁蹄踏进了上海，但租界里还是歌舞升平的景象。静安寺路上有远东第一高楼之称的国际饭店，既是达官贵人寻欢作乐的场所，也是实力雄厚的四行储蓄会总部。这天，四行储蓄会主任兼盐业银行总经理吴鼎昌（后弃商从政，担任过国民政府文官长），在他饭店的办公室里，正与从天津赶来的张伯驹长谈。

民国四公子之一的张伯驹，其实还是盐业银行总稽核，但他对银行业务素无兴趣，只是挂名而已。为何他这样的文人兼收藏家还能担任银行高管？自然是有家庭背景的。

张伯驹的父亲张镇芳，一直追随袁世凯左右，曾任清末的天津道、盐运使和直隶总督，权势显赫。盐业一向是国家专营的，因垄断利润，全国各地的大小盐官，无不大发横财。张镇芳因此创办了盐业银行，任董事长，该行后来成为赫赫有名的"北四行"之一。张镇芳死后，张伯驹子承父业，到盐业银行挂了个总稽核。

张伯驹对当官和发财都无兴趣，但凭着有钱、有眼光、有机遇，他的收藏在北方首屈一指。陆机《平复帖》、展子虔《游春图》和李白《上阳台帖》等国宝，都是他的家中珍藏。

1935年，上海日益成为全国金融重镇，盐业银行的总管理处也迁来上海，地址就在今北京西路860号。八一三事变后，上海各银行依托租界勉强维持，但各高管都开始避往后方，上海盐业银行的经理也已离开上海，业务一落千丈。吴鼎昌自己也要去往后方，与董事长任凤苞商量后，要张伯驹来上海分行兼任经理。

张伯驹

张伯驹穿着一袭长衫，手摇纸扇，连忙表示不能胜任，但架不住吴鼎昌恳求，说就是维持一个门面，张居然应承下来。

当时盐业银行业务清淡，张伯驹每天来银行办公，也是点卯而已。平时主持处理行务的，是会计科长陈鹤孙和文牍科长白寿芝。形势愈来愈紧张，银行方面怕张伯驹在外住宿不安全，就在北京路营业大楼里给他安排了房间，但张嫌不方便，就住进了陕西北路培福里16号一幢小楼内，这是一个做生意的同乡借给他的，房子宽敞，闹中取静，张伯驹很满意。

1941年6月初的一天，张伯驹早早起来盥洗后，就坐上他那辆牌号为6010的小车，打算先去外滩码头接一个北京来的朋友，然后再到银行上班。

早上行人稀少，车刚出培福里弄口，突然从旁边冲出三人。说时迟那时快，三人忽地拔出枪来，跃登上车，一把拉开车门，将司机老孔拖下车来，其中一匪坐进驾驶室里，二匪在后排，一左一右，将张伯驹挟持在中，车子急驰而去。老孔是银行指派为张开车的，见状吓得目瞪口呆。等到绑匪远去，才慌忙奔向张家报告。

张太太潘素一听，吓得浑身瘫软，一面打电话给银行，一面打电话给好友孙曜东。孙曜东的曾祖父孙家鼐，官至清廷工部、礼部、吏部尚书等职，张伯驹的父亲张镇芳还是他的学生。这时孙曜东已经"落水"，任上海复兴银行行长，又兼任周佛海的秘书，故在黑白两道，尤其是金融界很兜得转。

中午时分，法租界巡捕在巨鹿路的一条弄堂里，找到了张伯驹的车子，但里面空空如也，张下落不明。第二天，上海《申报》刊登了张伯驹被绑架消息。

关于张伯驹被绑的原因众说纷纭。但据知情人回忆，证之有关档案资料，其主要策划者乃是盐业银行内部的高级职员李某，后台是汪伪政府76号特务总部。这李某是纨绔子弟，虽在盐业银行工作有年，不过是一个襄理的位置。盐业银行上海分行经理调走后，按理应由副经理萧彦和升任经理。吴鼎昌却认为萧太平庸，不足以胜任，李虽精明干练，能独当一面，但人靠不住，嗜赌，就在前几天，他在与人玩牌时，被一个熟悉的"老千"

玩掉了万把块钱。且与汪伪有染，弄不好，成事不足败事有余。所以派张伯驹来上海担任经理，由陈鹤孙和白寿芝辅佐他，使李的如意算盘落空。

李于是起了动张伯驹的念头。经过一番密谋，李某与汪伪76号总部的行动队长吴世宝商议，请他派几个"兄弟"将张伯驹绑走，说是可以大发一笔。他告诉吴世宝，张伯驹家随便翻出一件古董，就值一幢洋楼。而且在天津的房产起码几百万，还有股票二十多万。

孙曜东回忆说，"这次绑架的实质并不在于钱多少，而是李某为出一口恶气，因为假如张伯驹不来上海，他就可以升副理代理行务了"。不管是日本人为夺宝而出此下策，还是李某为出一口恶气，或许两者兼而有之，反正张伯驹就这样被汪伪特务绑架了。

第二天，潘素在家接到绑匪的电话，勒索赎金200万，言明一分都不能少，否则的话就撕票。200万实在不是一个小数目，绑架者清楚，现在的张伯驹，肯定也拿不出这笔巨款，就希望他能够变卖家产，最好用珍藏字画抵押；另外一层，他们很寄希望于银行能够出面买单。

绑匪开价 200 万，张伯驹也不清楚家里到底有多少钱，大概盘算一下，估计可以凑上 100 万，再叫银行垫上 100 万，付出这笔巨额赎金，自己就可回家了。反正，他的收藏是万万不会动的。

可是，他万万没有想到，不仅家中有诸多纠缠，拿不出这么多钱，银行方面竟然也不愿垫付赎金。他不免又惊又怕，寝食难安。

再说银行方面。得到张被绑的消息后，最着急的当然是张伯驹的亲信——会计科长陈鹤孙和文牍科长白寿芝，两人急电在天津的盐业银行董事长任凤苞。任凤苞指示，特别强调"不可牵涉到行"，又埋怨张伯驹本应居住行内，不该租住外面。

任凤苞后来说："张伯驹毕竟是书生，困处闷葫芦之中，急欲脱险，不择手段，叫银行拿钱，也不考虑考虑银行的难处。"

他的看法也不无道理。他既怕张伯驹真的性命不保，难以对人交代，又担心银行一旦牵入，绑匪即会以银行为谈判对手，乘势而上，甚至层层加码，以至不可收拾，如果此例一开，后起者纷纷效法的话，银行岂不完蛋。任凤苞还举了上海盐业银行前任经理倪远甫被歹徒绑架，银行坚决不出钱的例子，因此任凤苞再三关照上海方面，只能暗中帮忙。如此这般，对方或许"庶可降低欲望，或能早日解决"。

孙曜东这一头，倒是在全力相助。他去见了周佛海，说绑架张伯驹得不偿失，今后各银行都将视上海为畏途，自断财路，周佛海果然被他说动，连说："简直胡闹，叫李士群赶紧把此事了掉！"立即给76号特务头子李士群打电话，质问这是怎么一回事。

孙曜东有了周佛海这把"尚方宝剑"，便直接与李士群联系，要他放人。孙说，他不会让兄弟们吃亏的，愿出20根大条了结。李士群已经接到过周佛海的电话，便顺水推舟答应帮忙。

其时张伯驹已经被转移到浦东伪军林之江部，关在一户农民家里。张伯驹对外界情况不明，只得听天由命。好在看管的人尚和气，平时称他"张先生"，吃的也不差。他过日子一向随意，吃也不很讲究。这样关了一段时间，人倒比先前还胖了些，就是心里不踏实，度日如年。

有一天，张伯驹吃完早饭，闷坐了一会儿，倒头在床上小睡，居然迷迷糊糊睡着了。醒来，已过了晌午时分。张很奇怪，怎么午饭还没送来，外间静悄悄的，一丝声音都没有，他大叫几声，也不见回声。摸出去一看，人踪全无，他也不敢多想，一口气跑了出去，摸回了家。张伯驹回家后，因惊吓过度，住了一段时间的医院。出院后不久，张伯驹回到天津，他发誓，这辈子再也不愿来上海，此后果然，一直到1982年张伯驹病逝，他再未来过上海。

"灰色银行家"周作民

抗战一结束，惩治汉奸的活动就开始了。

1945 年 10 月 18 日，一群着便衣的军统特务冲入金城银行总经理周作民家里，以汉奸嫌疑带其至上海海格路（今华山路）某号，关入一间小屋内，外面派兵看守。周环视四周，屋内仅有一副破床板，两只椅子，连吃饭的桌子都没有。惊慌失措的家人得到消息后，赶忙找到神通广大的杜月笙、张嘉蕊（张嘉璈之妹），托他们与戴笠联系。经过上下打点花去黄金万两，周当晚获释。

金城银行上海总行（今江西中路200号）

周作民刚回家没几天，10月24日，汤恩伯的第三方面军又派兵至周宅检查搜捕，周作民恰不在家，幸免被捕。此后又不断有人前来周宅骚扰，吓得周家乱作一团。周作民设法躲入一家外国人开办的虹桥医院，以病人身份秘不露面。除几名亲信外，连他的司机都不知道他在哪里，通过儿子与外界联系。周作民夫人因为一再受到惊吓，竟然因心脏病发作去世。

　　接连不断的惊扰和丧妻之痛，周作民心情沮丧到了极点，不知后面还有什么难堪之事。周作民所属的金融界，居然成为戴笠整肃的重点，不仅像唐寿民这样的金融界巨子，连周作民的得力干将、金城银行上海分行经理吴蕴斋，这时也以汉奸罪被捕了。社会上流言四起，业中人更是人人自危，惶惶不可终日。

　　周作民知道，要在上海找到压得住戴笠、汤恩伯的人，似乎不可能，他们的克星唯有尚在重庆的蒋介石。周与蒋介石也有一定交往，但时过境迁，交情疏淡已久。好在周作民的人脉资源丰富，活动空间广泛，足以使他在危急关头腾挪转圜，找寻到应对之策。最终周作民通过老友张群、吴鼎昌等人疏通，使蒋介石对他网开一面，承诺不予追究。

但周作民为保险起见，需要一份过得硬的护身符。据1946年1月12日周作民日记载，那天在张群等人的陪同下，他在重庆面见蒋介石。

蒋介石态度还算客气，口称误会了，叫他回去继续安心工作。蒋介石在百忙中愿意见他，本身就说明了问题。不久，周作民接到张群、吴鼎昌和钱新之的来信，说明他们按照蒋介石的指示，以国民政府文官处名义（吴鼎昌时任国民政府文官长），致函在上海的何应钦、吴铁城、戴笠等人，要求对周加以保护。

有了蒋介石的接见和这张护身符，周作民的汉奸案就不了了之，再也无人找他的麻烦了。

其实，周作民与日伪方面的关系，是明摆在那里的。他被上海人目为"灰色银行家"，并非空穴来风。因为从抗战爆发以后，周作民在政治上的态度无疑是十分暧昧的，表面上他没有担任伪职，暗地里却一直与日伪方面往来频繁；而且关键的是，他并没有像其他银行家一样，离开沦陷区到重庆去，以避开这些是是非非，以致给人落下无数把柄。周作民与日伪方面的交往，在他的日记里也都有详细的记载，如在抗战结束前夕的一两个月里，周作民几乎天天都有与日伪人员见面的记录。

他自己后来说："盖在敌人威力之下，辞既不许，只有消极抵抗之一法。"但对自己滞留上海，一直后悔不迭，一再说："抗战期间，余未能来（重庆），致全盘皆输一着。"

从军统几次三番要逮捕周作民的情况看，当然是把他视作汉奸嫌疑。而且在很长一段时间内，包括新中国成立后的一段时间内，这样的看法一直占了主流。但从种种迹象看，周作民与日伪方面的交往，还有着更深厚的背景，并不简单，借用一句流行的话，水很深。

周作民的亲信、曾担任金城银行上海总行经理的徐国懋回忆说，他一开始也不了然周作民的动机，后来读了周的日记，又联想起他自己的一些见闻，才明白周作民不论和汉奸来往也罢，和日本人来往也罢，绝不是个人交际，主要是担负着蒋介石交付的使命。① 徐国懋的分析颇有道理，可惜缺少一点有力的书证，而且限于材料，徐也没有提及在抗战之前，周作民就与日伪方面开始交往的情况。

近来发现的一批周作民书信，证明周与日伪方面的交往始于抗战之前。这些新近披露的档案，或许为周作民的"灰色"提供了一种新的注解。

20世纪30年代后，除了主持金城银行外，周作民先后被任命为铁道部四路（京汉、京绥、陇海、津浦）整理委员会委员、财政委员会委员、政务委员会北平分会常委、行政院北平政务整理委员会委员、冀察政务委员会委员、中日贸易协会副会长等职，这些职位或多或少都要与日伪方面发生关系。

1935年9月8日，周作民曾致密电给蒋介石，报告其在北方的活动情况，"作民近因行务赴（大）连，土肥原自沈来密告通航问题，中日意旨已渐接近，只以范围广

---

① 徐国懋，《八五自述》，《上海文史资料选辑（第七十二辑）》，上海市政协文史资料编辑部，1992年，第108页。

狭问题未能早为解决，深恐因此忽再别生枝节。……松冈亦经晤及，其对于华北经济，征诸事实及其谈论，确负有使命，然默察其进行情况，尚在调查规划中，即以满铁经济力量而言，似亦正在力筹厚集也。合并奉闻"①。

同样内容的电报，周作民也拍给了铁道部部长顾孟余，而此公却是汪精卫、陈公博系统的人。电文末，周作民请顾"密陈汪院长暨有壬兄为幸"。可见周的八面玲珑、精明圆滑。

诸如此类的情报，他都一一向蒋介石方面作了汇报，或向他比较接近的国民党政府内政学系一派通风报信，由他们再转报蒋介石。政学系如张群、黄郛、杨永泰、吴鼎昌、钱昌照、张嘉璈等人，均是蒋介石的亲信、嫡系和幕僚，官居中枢要职，与周作民不是新朋就是旧友，或是金融界的同事。

从多方面考量，战前周作民与日伪的往来，是基于他的特殊身份和特殊的便利条件，而其千方百计地提供

① 上海市档案馆编，《上海银行家书信集（1918—1949）》，上海辞书出版社，2009 年，第 41 页。

相关情报，多少具有自告奋勇、受命而为的意味。

上海沦陷时期周作民的所作所为与战前则略有不同，其主要目的是为了保护金城银行自身起见，谋求最大的经济利益，同时又利用自己与重庆方面的密切关系，不时向重庆方面报送日伪方面的重要情报。这种通风报信，对于重庆方面无疑是有利的，也是周作民乐意提供的一种协助。他须在重庆与日伪之间寻求一种平衡，以便在重庆方面留一条后路，这样就使他在上海的经营图利有了最好的借口。

而从蒋介石方面来说，有这么一个比较接近日伪上层的人物留在上海，除了不时提供一些经济情报外，还可以在必要时作为与日伪沟通的一条渠道，何乐而不为，因此也就不予追究了。何况周作民并没有公开落水。也因为如此，处境尴尬时的周作民才会想到蒋介石那里求得护身符，而在周作民那帮朋友的疏通下，蒋介石也乐得做一个顺水人情。但要说周作民的活动，均受蒋介石等人的委托，是奉命"潜伏"，则有点言过其实，最多是蒋介石默许了周作民的所作所为。

银行家的三种颜色

近代上海银行家是一群了不起的社会精英。在上海，最好的大楼与银行有关，最杰出的人才也必有银行家的一席。著名银行家如宋汉章、张嘉璈、陈光甫、钱新之、李铭等，在政治上眼光敏锐，在社会上信誉卓著，是社会名流，又备受社会各界的尊重。

若以黑白灰三色指代银行家，宋汉章、张嘉璈、陈光甫、钱新之、李铭等人，不说洁白无瑕，大体总是白的，为中国金融现代化贡献甚大，他们是近代银行家的主流。而汪伪时期出任交通银行董事长兼总经理的唐寿民，无疑是黑的。不过纵观近代金融史，像这样甘于堕落的银行家，也实在屈指可数。

太平洋战争爆发后，恰在香港公干的唐寿民被日军俘虏，押回上海，令他主持交通银行的"复业"。1943年3月唐又出任汪伪商统会理事长。尽管唐寿民背地里与国民党军统有所来往，提供过一些情报，但战后仍以汉奸罪被捕，关押数年后获"特赦"，之后立即去了香港。上海解放后，年老体衰的唐寿民从香港返回上海，却被人民政府再次收押，理由是不能承认国民党政府所谓的"特赦"。

另一位银行家周作民，几乎与唐寿民有着一样的经历，却有迥然不同的结局。周是"北四行"之一的金城银行创始人，为人精明强干又机智圆滑，从1917年金城银行创立之日起到抗战胜利结束，他连续担任了金城银行几乎三十年的总经理，并且还兼任了十多年的董事长，人称"不倒翁"。尤其是他善于交际，从北洋元老到蒋介石等新贵，再到地方军阀，甚至日本军政要人，都与他有密切的交往。

周作民也在战时香港被日本人逮捕，并从香港押回上海。此后他一直在汪伪统治下的上海，掌管着金城银行的庞大业务。

与唐寿民不同的是，周作民没有正式出任伪职，陈公博、周佛海等人多次劝说他下水，都被他婉拒，只是派上海金城银行经理吴蕴斋代他出头露面。但私底下，周作民一直与日伪方面往来频繁；而且关键的是，他一直利用本人在上海的有利条件，使金城银行的业务不退反进，与其他退出上海的各大银行相比，金城一跃成为当时民营银行的翘楚。

抗战胜利后，因他介于汉奸与非汉奸之间的灰色边缘和模糊地带，不太好定性，被上海人目为"灰色银行家"；可灰色往往比其他颜色更具保护性。当军统屡屡要以"汉奸罪"治他时，周作民的关系网就发挥了作用。他先是花了大工夫，通过蒋介石身边的张群、黄郛、吴鼎昌等人，托他们向蒋介石说情，事情算是有了转圜。蒋介石问明白周作民并没有公然落水，又是战后上海金融界所要依赖的金融界头面人物，于是顺水做了一个人情。蒋请他们转告周作民，他在战时的一些活动，他是知情的，请周勿担心，可继续在上海从事金融工作，为"党国"效劳。

虽然有了蒋介石的承诺，周作民还是认为难保有人假装不知，继续从中作梗，于是在张群等人的安排下，他直飞重庆见蒋。蒋忙，仅稍作寒暄，口称误会，叫他回上海安心工作。说的几句话，与张群等人转告的差不多。但这已经足够用了。这次见面效果奇好，几天后，吴鼎昌以国民政府文官处名义，正式致函在上海的军政要人何应钦、吴铁城、戴笠等，要求对周作民加以保护。此后，周作民的汉奸案就不了了之，再也无人找他的麻烦了。

周也识相，深居简出。某日，搭乘陈纳德飞虎队的军用飞机，悄悄去了香港。1950年，在中共的一再动员下，避居香港的周作民回到上海，当选为全国政协委员、公私合营银行联合会副董事长。病逝后，下葬于虹桥宋氏公墓（现宋庆龄陵园），与他打过几次交道、有同乡之谊的周恩来总理还送了花圈。

"特券"：冲击日伪沦陷区的假币

日本全面发动侵华战争后，日军"以战养战"，其中险恶的一招是在大量使用无编号的"军用手票"外，还采取卑劣的手段，伪造中国法币并大量抛售于国统区，疯狂抢购物资，促成通货膨胀，搞垮国民党统治的社会经济基础。

日军伪造假币、抢购物资的行动，一直持续到抗战结束。日军曾自诩"取得了百分之百的成功，其流通也很顺利"。但到底伪造了多少假币，又有多少假币投入国统区换购物资，始终是一个无法统计的未知数。

其实，国民党政府为保证战时经济的运转，也采取了"以牙还牙，以假对假"策略，与日伪展开了一场针锋相对的假币对攻战。

1942年1月，军统头子戴笠向蒋介石建议说："为挫败敌伪阴谋计，亦应仿造敌在我沦陷地区使用之军用票与伪组织所发行之银联券、储备券等，藉以吸取沦陷地区之物资，破坏敌伪之金融。"①

在征询了宋子文、贝祖诒等人的意见，并了解到英美方面的态度后，蒋介石在戴笠的报告上批复："准予照办。"决定委托美英及自行印制日伪的军票和银联券、中储券，运到沦陷区抢购物资，破坏敌伪经济。

当时宋子文人在美国，负责与美国的接洽，国内则有中国银行总裁贝祖诒和戴笠负责。

1942年1月，贝祖诒致电宋子文，说他们正在搜集全份的货币样本，以最快的速度寄到美国，请宋子文在美国秘密与印制公司联系，准备进行仿制的工作。

------

① 林美莉,《特券: 抗战后期国民政府对日货币战的个案研究》(未刊稿)。

事情进展得很顺利，宋子文在与罗斯福总统的会面中，试探性地提出了这一设想，获得了罗斯福总统的同意。美国一家专门印制钞票的印刷厂，在对敌伪钞票进行鉴定后，认为可以仿制，没有问题。

1943年春，重庆中国银行收到美国印制的第一批伪政权钞票，共计46包。蒋介石下令将这些钞票暂时存放在中国银行，没有他的同意，任何人不得拨付使用。这些假伪钞，在蒋介石等人的口中都被称为"特券"，因为它既不是国统区的法币，也不是沦陷区的伪钞，而是伪钞的伪钞，为了保密需要，只得使用这样一个特别的专有名词。经反复研讨，确定特券用于以下目的：破坏敌伪金融币值、抢购沦陷区物资、收买策反伪军、运用伪军对付中共部队、资助游击队（即加强对敌伪之行动）、发展沦陷区特务工作等。

特券从美国陆陆续续地运到重庆，有5元面值的，也有10元面值的，总数有几千万元。

除了由美国代印的较为精致的沦陷区钞票之外，军统也曾在重庆歌乐山建立伪造日本假币的造币厂，自印假钞运入沦陷区使用。文强在《戴笠其人》一书中回忆道：

> 当时戴笠在重庆缫丝厂大量印制假钞，源源不断地运到洛阳，交由第一战区调查统计室主任张严佛保管和运用。此后，深入敌占区抢购物资的资本，边区各站组的特务经费，贿赂汉奸将领的开支等，都在源源运到的假钞中开销。

有一些当事者虽然参与了发行特券的事情，但对全貌并不十分了然。如当时在军统局国际科任职的邓葆光曾回忆说，发行假币的事情是戴笠一手筹划操办的，特券的面值分1元、5元两种。实际上不然，因为这样重大的事情，没有蒋介石的点头，戴笠如何敢作主，又如何作得了主呢？而因为飞机运输和印刷成本的关系，特券的面值也不是1元、5元两种，而大多为5元、10元券。中美合作所的梅乐斯上校在《另一种战争》一书中对此事也有所记载，他认为特券的伪造是在上海附近的中美合作所营地进行的，可见他也只知其一，不知其二，更不了解美国政府在其中的作用。

对于如何使用特券，戴笠设想了五种办法：1. 在接近沦陷区的地方设立行庄商号，以特券换给商人，向沦陷区购买物资，并借以收回法币；2. 利用游击队走私在沦陷区换购物资；3. 利用军统局掌握之可靠的伪军使用特券，换购沦陷区物资；4. 利用军统人员在沦陷区设立各种不同商号，以便吸收伪币，行使特券；5. 经常派遣人员化装商贩，携带特券赴沦陷区购买物资或换取法币。

至于如何将这些钞票运到沦陷区使用，抢购急需的各色物资，因为蒋介石再三强调"均须绝对统一"，确保机密，遂由戴笠亲自掌握的"对日经济作战室"负责，中国银行各地分行也参与了秘密行动。1943 年 4 月，经蒋介石批准，成立财政部货运管理局，与军统一起负责抢购沦陷区的物资。

战时假币横行的情况，无论在国统区还是沦陷区，都是公开的秘密。日伪方面采取了各种防范措施，以截获国民党政府伪造的特券。

特券第一次在日伪沦陷区使用时，就因为购物数额巨大，编码系统不符，加上在美国印刷的假币纸张精良，大大优于毛糙的伪中储券，引起日伪中央银行的怀疑。经过鉴定，认定是国民党方面伪造的假币，遂下令各银行、银楼、商号等严加防范，并"详列号码及其不同之点，登报拒用"。

在日伪上海市警察局档案中，有"特警处长通知"文件，详细说明特券与中储券等鉴别方法，计六点：1. 伪券（即日伪所指的特券）正面国父遗像头部及右颊的线条较为简略及粗杂；2. 真券的红绿色丝有一定的分布位置及方向，伪券则无；3. 伪券尺寸比真券小，且印刷面又稍为缩小；4. 伪券上的总裁与副总裁的印鉴不清楚；5. 伪券上的中山陵旁树木印刷不清楚；6. 伪券的字头：D/C、D/B、B/G、D/A、V/D、K/E、T/P、D/N、B/T。

日伪政权还制订了《战时伪造法币治罪暂行条例》。条例规定，对特券的伪造者处以死刑及七年以上无期徒刑，收集、交付及运送者处以无期徒刑及五年以上徒刑，提供伪造场所者处以三年以上有期徒刑。同时，又以高

1924年上海的一家商店，因抵制中储券被勒令关闭

额奖金鼓励民众告密检举，日伪制订的《查缉伪券致送酬金办法》规定凡破获伪造机关者奖励10万元以上酬金，抓获贩卖特券者奖励5万元，检举使用特券者奖励3万元。

日伪的一系列防范和恐吓手段使特券在沦陷区的流通受到一定影响，戴笠在报告中承认特券在沦陷区的推销"未能达到预期成效"，特别在华北地区，由于日伪统治严密，伪币银联券发行时间长，品相破败，而特券纸张精良，面貌崭新，故容易辨认，被发现扣押的次数较多，因而发行量不及华中地区。

但从总体看，特券的发行效果还是显著的，据统计，不论在华中或是华北地区，每1000元的中储券或联银券中就有1元是特券，应该说数额巨大。截至1944年3月，特券在华中地区的使用金额达到四千余万。从时间上看，则从1943年一直持续到抗战结束，没有间断过。

特券混杂在敌伪中储券或联银券中使用，通过不断输入沦陷区，去抢购黄金、棉纱、布匹等物资，不仅破坏日军独霸的金融市场，加剧了日伪统治区内的通货膨胀，而且由于大量特券是利用伪军将领、日伪系统的公司去换购物资的，被日军察觉后，引起日伪狗咬狗的斗争，起到了离间敌伪内部的作用。

从《乌鸦与麻雀》看"轧金子"

晨。黄浦江中烟雨迷蒙。

中央银行的铁门紧闭着。人们经过一夜晚的搏斗，此刻比较安静多了，都在疲乏地等着开门。

人们有的大口啃着长长的罗宋面包，狂喝着军用水壶的水；后面的一个饿慌了，眼巴巴地看着，在那儿咽口水；一对中年的夫妇，两人前后围着一张美国军毯，脑袋露在外面；另一个人一根接一根地在狂抽纸烟，后面远处伸出一只手来讨，他是相应不理，而隔两个人之后的那瘾君子急得抓耳挠腮；

有人把破雨伞架在肩上，两手脱空，脑袋搁在人家
背上熟睡打鼾……

这是老上海经典电影《乌鸦与麻雀》里上海市民奋
力轧金子的一幕场景。那些经过一夜排队挤轧的市民，
此刻正期盼着外滩中央银行的大铁门缓缓打开，用手中
一点浸透着血汗、却又飞速贬值的法币或金圆券，幻想
着换得可怜的一点点金子。

电影里，住在石库门里的小商贩萧老板夫妇，想
用金圆券顶下房子，做二房东，但没人愿收这飞速贬值
的钞票，于是想出"轧金子，顶房子"的妙招，"我们
先把金首饰拿出来卖黑市；卖了黑市，去挤金子；挤了
金子，再卖黑市；卖了黑市，再轧金子……啊！本钱有
了！……"

夫妇俩把家里所有值钱的物品：金首饰、香水、玻
璃丝袜、盘尼西林，统统拿出来，向"房东"——国民
党国防部军官侯义伯及姘妇余小瑛押得 4000 元金圆券，
连夜赶到外滩中央银行排队去轧金子。

　　法国著名摄影家布列松拍摄的《轧金子》。挤兑人群排山倒海似地躁动，使照片略显模糊

轧金子，关键在"轧"，是上海方言凑热闹、贴上去、挤进去的意思，如轧闹忙、轧朋友。轧，读音"嘎"（ga），想象一下，金子一轧，嘎嘎作响，何等吸引人；不过既然是轧，不光要轧金子，还要轧人，上海话叫"人轧人，人山人海中，哪能介容易落到你头上"，所以需要拼命挤兑。不过那状态实在癫狂，萧老板夫妇晚上冒雨去外滩排队，说："今晚拼着不睡觉，明儿还怕轧不到？"路上遇到一个瞎子也去轧金子，便嘲笑他："瞎子也来轧金子！"瞎子回击："瞎子就不能轧金子！？"

其实，有来头的人早就用军饷、生产贷款，装上贴着封条的军车走后门交易了。轮到要排队的，十有八九是装装门面，虚张声势，真正抛售给市民的黄金，又有多少？！连黄牛都轧不到，何况普通市民呢。法国摄影大师亨利·卡梯尔·布列松1949年在上海拍摄的《轧金子》，就表现了国民党政权崩溃时，上海市民们争先恐后地把一落千丈的金圆券拿到外滩中央银行兑换成黄金的实况。照片略显模糊，仿佛动态化，以大师的水平，不是有意为之，实在是挤兑人群排山倒海般的躁动无法使镜头定格。

再说萧老板夫妇，非但未轧到金子，反而被黄牛党打得半死，落荒而逃。更惨的是，金价又被政府无端加了"平衡费"，每两两千五涨到六千五，萧老板夫妇的金圆券，连一两金子都买不到，抵押的物品又因过了期，被侯义伯扣押不还。

上海市民轧金子的高潮，主要有两次：一次是1947年初黄金风潮案时，法币一泻千里即将崩溃之际；第二次是1948年底，法币已改金圆券，国民党统治总崩溃就在眼前，金圆券显然比法币更不如人意。有当事人回忆，当年金圆券贬值速度之快，令人瞠目结舌。一个可笑的例子是，当年走进小饭铺进餐，千万记得先付账，保不定一顿饭的工夫，饭价就会上窜不少。

无奈，上海市民捧着朝不保夕的金圆券，企望轧一点金子保值，野心更大一点的像萧老板夫妇，就得陇望蜀了，还想着轧进轧出捞一点，做个二房东，结果可想而知。现场的惨烈，非亲身经历者难以体会，上千人围得中央银行水泄不通，维持秩序的警察"飞行堡垒"，又将排队的人群团团包围，从高处看，真是黑压压一大片，从头晚开始排队，到早上中央银行开门，人贴人，人轧人，进去容易出来难。更有甚者，竖的进去，横的出来。

据当时的报纸报道，在轧金子的高潮里，着实挤死了不少不幸的市民。1948 年 12 月 7 日，挤兑人群与警察发生冲突，两名警察被打成重伤，九人被捕；23 日，七人被挤死，45 人受伤。像萧老板夫妇这样捡回一条命的还算幸运。

当年除了轧金子，其他生活用品都要轧，衣食住行，食为先，轧大米当然是重中之重，有一黄一白之说，黄是黄金，白是大米。《乌鸦与麻雀》里，众人听见米店到了一批须凭户口本供应的户口米，连忙一窝蜂地拿着袋子赶去，结果都空手而归。轧不到户口米，吃不饱肚子的上海市民，竟然一反斯文，发生了抢米、抢糖果点心的事件，一时人心惶惶。不过比起轧金子的惨烈，轧户口米算是小巫见大巫了。

电影表现的是"麻雀"斗"乌鸦"的故事，"麻雀"指的是租住在那幢石库门里的普通市民，乌鸦不用说就是黑心黑肺的侯义伯夫妇。但轧金子一幕，着实反映了上海解放前夕的民不聊生，国民党统治的摇摇欲坠。电影之真实如同新闻纪录片，剧组人员只须把眼前的现实，挪到电影里去而已。也难怪，国民党当局的电影检查官，对这部电影特别留意"检查"，在拍摄过程中就几次责令停拍，但都被剧组人员巧妙应付过去。新中国成立后，这部电影还得到了毛主席、周总理的好评，说演员是在冒着杀头的危险做事情呢!

银行家冷觑黄金风潮案

    抗战结束后，国民党因发动内战，导致法币一泻千里，物价飞涨，民众的生活水准一落千丈。1946 年至 1947 年间，行政院长宋子文等人想出了抛售黄金和外汇的办法，企图回笼货币，抑制通货膨胀。不料事与愿违，轧金子演变为来势汹汹的黄金风潮案，上海多家米店、银楼被愤怒的市民捣毁。随后，广州、武汉、长沙等地相继爆发相同的事件，全社会民怨沸腾，成为国民党统治走向崩溃的一个楔子。

    关于黄金风潮案，已有文章甚多，如奉命负责查案的监察院监察委员何汉文，后来写有《记上海黄金风潮案》详述经过；当时任钱业公会理事长的沈日新也有《1947年黄金风潮的内幕》。因系当事人，两文有相当高的史料价值，不过他们表述的重点，还是集中在事情的经过，以及宋子文下台的情形，至于处于旋风中心的那些银行家们作何表态，几乎不见一点反映。其他人也未涉猎过。

前些年，我在编《陈光甫日记》《上海银行家书信集》等史料汇编时，读到杜月笙、徐寄顾、钱新之、陈光甫和张嘉璈等人对该案的看法，觉得颇有意味，特别是在相对私密的书信和日记里，他们的看法应该更具真实性。我在想，他们当时的观感，一定影响到两年后他们的政治抉择。一念及此，马上找出有关资料梳理如下。

先从半路出家的银行家杜月笙说起。他混迹上海滩多年，打打杀杀后力谋转型，已经挤进银行公会核心层，但在戴笠死后，却连见蒋介石一面都很难。就在黄金风潮案风起云涌之际，杜月笙悄悄坐船离开上海赴香港。他主持的两家银行——中国通商银行和中汇银行，请好友钱新之代理。

杜月笙抵达香港后，住告罗士打街 701 号。1947 年 2 月 9 日，他致函钱新之，谈及上海黄金风潮，仿佛心有余悸，又与香港作了比较，"日来法币倾泻，已如失缰之马，无可控制，前途不堪设想。国内发行变相之万元券、五千元券仍苦不能济用，港中刻所发行者，则为五分券、十分券，运用自如。仅此一端，两相对照，不胜霄壤之感矣"。

当初发行法币时，最大面值仅为 100 元。但是很快，法币就开始贬值了。面额一再增大，1000 元、2000 元、5000 元……杜月笙对上万元的面额已惊愕不已，他还没料到，到 1948 年法币停止使用之前，最大面值甚至有 500 万元的。

此后，杜月笙与留在上海的钱新之、徐寄颀（浙江兴业银行董事长，兼任上海市第一届参议会副议长等职）几次通信，都谈及沪上风起云涌的黄金风潮一案。

2 月 12 日，他致函徐寄颀："连日法币狂泻，金钞飞腾，沪市恐慌紊乱自可想见。公等奔走集议，益念贤劳。

此种严重局面，稍有差失，未堪设想。瞻望祖国，怒然如捣。未知当局有何办法以资补救。"

"怒然如捣"，出自《诗经·小雅·小弁》："我心忧伤，怒焉如捣。"形容忧伤思念，痛苦难忍，心中像有东西撞击。眼见黄金风潮愈演愈烈，一走了之的杜月笙既忧且愤。

17日，徐寄庼复函杜月笙："连日沪市金钞风（疯）狂上涨，影响物价甚巨，人心极不安定。市商会、参议会迭开会议，对于稳定金钞及抑平物价，一面劝告各业勿盲从涨价，一面建议政府以备采纳，现在政府轸念民生，已有决定办法，以后景象或可安定。"

宋子文大肆抛售黄金外汇，已经超出了蒋介石的底线，却并不见效，而社会和政治危机，则如溃堤之水，势不可挡。蒋介石伤心地对宋子文说："我把财政经济叫你管，不料你竟弄得如此之糟！"[1] 他要出手阻止这个"败家子"。在他的授意下，于2月16日通过《经济紧急

---

[1] 经济资料室编，《宋子文豪门资本内幕》，光华书店，1948年12月，第60页。

措施方案》，停止抛售黄金，同时搜缴民间拥有的黄金。徐寄廎所说的"决定办法"即指此举。

2月17日，杜月笙致徐寄廎函，说："连日金融风潮，金钞齐驱，大有脱缰之势，中央颁布办法后，虽稍平息，而来日如何，未易迹睹。在此动荡之中，知公贤劳更甚，曷胜佩念。此间管制物品，亦甚严烈，但其所采办法，系采取补贴制度，商品平均利润不使少于百分之二十以下，其与祖国杀鸡取蛋截然不同。"

1927年因蒋介石不断向银行借款，毫无节制，李铭当着蒋介石的面，忿然抛出一句"杀鸡取蛋"，一时成为名言。杜月笙此时此地再次说出"杀鸡取蛋"，其愤懑情绪，恐怕比李铭有过之而无不及。

2月18日同一天，杜月笙与钱新之互发一函。杜月笙说："连日金融狂潮波荡甚剧，中央颁布管制办法后，收效如何，未易迹睹，但于商业银行业务限制，已益加严。……以视隔岸神州，真有不堪回首之感。"钱新之模棱两可地表示："此项办法，是否能长期收效，尚须视执行者之能否彻底耳。"

经过几天的观察，2月22日钱新之写信给杜月笙，"中央颁布之紧急措施办法，恐只能作一时救急之需，且彻底实行困难，想政府或尚有次一步之根本办法，不然殆矣"。同一天，钱新之再发一电，劝杜月笙在港多住几天，"不必早回"。杜回函，同意缓期回沪。看样子，他们都认为上海的形势不乐观。

3月1日，徐寄颀复杜月笙函，告以"近日沪市情形，自政府颁行紧急措施以来，金钞黑市已告消灭，一般工资亦可停止增加，物价已逐渐平复"。徐寄颀稍有些官腔，也比较乐观。

以上所引，均出自《上海银行家书信集》一书。

这年的4月23日，在南京参加国民政府会议的上海商业储蓄银行总经理陈光甫，在这天的日记里写道："在上海，我们总是谈通货膨胀，高物价，经济危机，民不聊生。我们说，要解决当前紧急的问题，先得停止内战。"

可是，他在南京遇到的"党国要人"，"他们的看法显然的和上海人不同……国家统一，甚么都有办法；要

张嘉璈（右）与贝祖诒（左）合影，两人先后执掌过国民党中央银行

国家统一，内战非打不可，共产党非战败不行"。"如今再和这般要人在一起，我总觉得自己不合格。"

陈光甫把自己定位为"上海人"，也就是与"党国要人"，自然包括蒋介石在内不同的那一群人，他们认为发动内战才是物价飞涨、民不聊生的根本原因。为什么非得要发动内战，而不惜导致国家经济社会的崩溃呢？因此他自嘲与"这般要人"在一起，觉得自己"不合格"。他似乎比其他银行家有着更深刻的认识。

宋子文被迫辞去行政院院长一职后，由蒋介石兼代，不久改由张群接任。具体负责抛售黄金业务的中央银行总裁贝祖诒，也被免去职务。蒋介石派出一架专机，从沈阳将时任东北行营经济委员会主任委员的张嘉璈接到南京，命他接替贝的职位。

张嘉璈到任后，他在日记里写道："以金融情形到此地步，余虽勉强担任，而能否有所成就，实无把握。"

精明能干的贝祖诒无法做到的事，资历深厚的张嘉璈也做不到。由于内战所需军费巨大，财政收支根本无法平衡，他虽竭尽全力，仍是一筹莫展，不到半年，他就向蒋介石提出辞呈，但未获批准。

到 1948 年 5 月，苦苦支撑了一年有余的张嘉璈，面对无法收拾的残破之局，最终得以抽身离去。李宗仁上台后，曾特邀张嘉璈到南京密谈，欲委以财政部长之职。他预感到国民党大势已去，加上对政治心灰意懒，遂婉言谢绝。实话实说，银行家的判断向来敏感而准确。这一次，张嘉璈们同样没有走眼。

在黄金风潮案和随后的金圆券风潮中，银行家目睹当局的贪污腐败和其他所作所为，无不哀叹国民党政府"气数已尽"，开始谋划退路。而对于即将到来的新政权，他们已有预感，甚至不无期待。这也可以解释，为什么解放前夕，尽管蒋介石一再动员，却没有任何一位有影响的银行家追随蒋介石赴台。

至于有些"官腔"的徐寄庼，其实隐藏得很深。他比他们中的任何一位都激进，早就与中共地下党建立了联系，为奔赴解放区的青年提供经费，被誉为"金融界之莲花"。他也是 1949 年后留在上海的极少数银行家之一。

李铭案中案

　　曾任国民党上海市长的吴国桢在《从上海市长到"台湾省主席"》一书中，专门列了"李铭案"一节，回忆蒋介石曾在1948年有逮捕李铭的打算。李铭时任浙江实业银行（浙江第一商业银行）董事长，并被蒋介石委以金圆券发行准备监理委员会主任，还兼任着全国银行公会理事长、上海银行公会理事长等职，这么一位在金融界声名显赫的人物，何以惹恼了蒋介石，差点被逮捕呢？难道蒋介石还在为1927年李铭的"杀鸡取蛋"论耿耿于怀吗？当然不是。

李铭

吴国桢回忆道："我突然听说要逮捕李铭，指控他未将银行里的全部外汇交给政府，据说他隐瞒了约3千万美元的外汇。我到南京去见蒋介石，问他要逮捕李铭的消息是否属实。他说是真的，因为经国查出具体证据，他拒交3千万美元。我告诉蒋，他最好亲自过问此事，李的银行资本只有约500万美元，即使李将每一分钱，加上存款都变成美元，总数也绝达不到3千万，蒋感到吃惊。于是李铭未被逮捕只是受了警告。"①

蒋介石要抓李铭，似乎是听信了儿子蒋经国的话：李铭违背了政府的指令，没有按规定上缴持有的美元，干扰了以金圆券代替法币的"币制改革"。

据另一位银行家戴立庵（联合银行总经理）回忆，当时在上海"打老虎"的蒋经国事先找过李铭谈话。1948年9月10日，李铭接到蒋经国的一封信，邀请他第二天上午到梵皇渡路（今万航渡路）某号乐义饭店一叙。

翌日，李铭硬着头皮到饭店见蒋经国，还是为了这

① [美]裴斐、韦慕庭整理，《从上海市长到"台湾省主席"：吴国桢口述回忆》，上海人民出版社，1999年，第65页。

件事，要他交出银行内存有的外汇和黄金白银，为此两人争执不下。那天戴立庵同样被蒋经国请去谈话，正好撞见李铭与蒋经国在房间里，"讲话声音很大，似有争执模样"，不久李铭从蒋经国房间里出来，"面红耳赤，神色颓唐"，狼狈而去。[①]

至于蒋李两人在房间里究竟发生了什么，蒋经国和李铭均未见记述，但从旋即被召进房间的戴立庵回忆也可见一斑。

戴回忆，房间内朝窗摆了两张沙发，中间搁着一张茶几，旁边沙发上蒋的秘书坐在那里。蒋经国站在那里，很严厉地要他交出金银外汇。戴表示拿不出来，蒋说："那好，我考虑送你到法庭还是特种刑庭去。"戴也顶了一句："听你的便。"蒋经国在房间内踱来踱去，似乎马上要抓人的样子。

想来李铭的遭遇，也好不到哪里去。

这天被蒋经国叫去谈话的金融、实业界要人，另有

① 全国政协文史和学习委员会编，《法币、金圆券与黄金风潮》，中国文史出版社，2015年，第72页。

钱新之、周作民、杜月笙、刘鸿生和荣尔仁等。钱新之因要去南京，改期再谈；周作民从蒋经国那里回来，即避入外国人开设的上海虹桥疗养院，后来搭乘陈纳德飞虎队的飞机，悄悄去了香港。戴立庵被要求具保，即非经准许，不得擅自离开上海。蒋经国为了迫使他们将所有黄金、外汇交出，不惜将这些父执辈的大亨们视作老虎，意欲一网打尽，不仅不看面子，而且连里子也不顾了，可见形势的颓败已到了何等险恶的地步。后来这些大亨们一念及此，无不心灰意冷。

其实蒋介石心急上火的背后，按当下的说法，是在谋划一个很大的局。

1948 年 8 月 19 日，已经穷途末路的国民党政府索性彻底抛弃法币，另起炉灶，以金圆券代替急剧贬值的法币，谓之"币制改革"，每 300 万元法币可换金圆券 1 元；并要求各家银行、所有个人持有的外汇及黄金，悉数上缴中央银行，换取金圆券。同时规定，各地物价冻结在 8 月 19 日的价格上。以上措施，通过"财政经济紧急处方令"下达，立即执行。

因为这一措施出台太匆忙，来不及印制金圆券，只得从中央银行提出以前由美国公司印制的废券充数，上面连"金圆券"三个字都没有。这样的钞票，老百姓谁敢与真金白银相提并论、信以为真？

老资格的银行家李铭被蒋介石委以金圆券发行准备监理委员会主任一职，负责这场"币制改革"的贯彻。最让他头疼的是如何动员各银行以及个人的外汇和黄金白银，去换取必定一文不值的金圆券。经过多次的不情不愿和上当受骗，各银行乃至老百姓早已洞察秋毫，况且现实的形势，谁不了如指掌呢？另一方面，尽管他已经全力以赴，仍不能获得蒋介石的欢心，其地位的尴尬和心中的抑郁愤懑，实不难想见。

可是李铭职责所在，没有办法推脱，他与几位金融界头面人物再三磋商，最终决定由各大银行、钱庄凑足1000万美金上缴中央银行，算是响应政府的号召，其中李铭自己掏了多少不得而知。但蒋介石闻讯大怒，认为李铭身为负责人，不思踊跃组织，仅仅上缴1000万美金，实在是搪塞之举。他一个电话打到中央银行总裁俞鸿钧那里，责令他立即查封浙江实业银行，责令其停业。据蒋介石9月9日日记："商业银行李馥生 ① 等之奸诈，余欲严惩，而俞鸿钧则畏缩因循不敢任怨，故愤怒频作。"

蒋介石一愤怒，后果自然很严重。不得已的李铭一面加大数额，一面托人向蒋介石疏通，总算勉强过关。

到了11月，金圆券已开始急遽贬值，社会动荡不安。这时候蒋介石故技重施，开放限价，准许人们持有金银外币，老百姓经过再三再四的折腾，早已心有余悸，自然要用金圆券轧回金子、换回外币，因为放出来的金银外币极为有限，能轧到金子外币的自然寥寥无几，轧死人的消息倒时有所闻。上海最早的打桩模子，或许诞生于此。

在这场闹剧中，李铭身为金圆券发行准备监理委员会主任，虽左右为难，仍使出浑身解数，扮演了为政府排忧解难的角色，据说搜罗上缴价值2亿美元的外汇和

_____

① 李馥生，即李铭，字馥荪。

黄金白银，藏在外滩中央银行的地下金库内。不久，蒋介石命令俞鸿钧等人把通过发行金圆券搜刮到的外币和黄金白银分四批运往台湾，为蒋介石治下的台湾经济起飞打下基础。后来蒋经国承认："政府在拨迁来台的初期，如果没有这批黄金，就不堪设想了。"这才是李铭案中案背后的玄机。

1949年4月29日，身心俱疲的李铭致函上海银行公会负责人，称："弟因血压增高，医师谓非易地休养不可，拟于日内离沪，兹已函陈银行公会给假。假期中公会事务，敬恳各位常务理事主持。"① 以此为借口，一走了之到了香港。那是银行家心目中的第二个"上海租界"。

① 上海市档案馆编，《上海银行家书信集（1918—1949）》，上海辞书出版社，2009年，第244页。

一封伪造的周总理函

美国哥伦比亚大学珍本与手稿图书馆，藏有大量中国近代名人的档案资料，大多是 1949 年前后逃亡美国的民国名人捐赠，也包括他们后来的诸多口述回忆。银行家陈光甫的许多未刊函札、日记和文稿也保存在这家图书馆，其中还有一封伪造周总理写给陈光甫的信，于扑朔迷离中显露国共两党对他的关注。

1949 年春，陈光甫利用赴曼谷参加远东经委会的机会，于会后转赴香港，此后再未回到上海。像大多数银行家一样，陈光甫也选择避居香港。可是，尽管偏居一隔，极少出现在公众场合，陈宅的客厅却不时晃现大陆和台湾两方面的朋友。

金城银行总经理徐国懋当时也在香港，他回忆，章士钊经常来看望陈光甫，主要目的是动员陈回大陆。徐说，章士钊是奉周总理之命来香港的。章士钊是陈光甫的老朋友，当年李宗仁代行总统时，组织上海人民和平代表团访问北平，章、陈都是团员，可是陈光甫再三考虑后退出。章士钊曾经告诉他，北平方面对他的退出很失望。

章士钊在香港活动频繁，陈光甫隐隐约约感到，章就是毛泽东在香港的特别代表，"正在动员他认为有价值的人为共产党人效力"。1949年7月，章士钊拜访了陈光甫，希望他能和李铭、李国钦三人去北平。章士钊告诉他，毛主席正等待他们三人能否北上的电报，要他赶快给一个"说法"。

对此陈光甫甚有顾虑，他向章士钊叹苦经说："如果我赴北平，将被蒋介石理解为一种敌对行动，他将很可能对我们在重庆、成都、昆明、广州和台湾等地的分支机构搞点动作。"他甚至用手作了砍头的手势，说："这么多人，性命交关啊。"当时这些地方还未解放，陈光甫的解释乍听有一定道理，其实还是一个托辞，他要观察一段时间。后来章士钊几次三番劝他北上，都被陈光甫以身体欠佳为由婉拒。

其时陈光甫委派伍克家留在上海，担任上海商业储蓄银行总经理，他致电陈光甫时，曾附有黄炎培的一份电报。黄炎培刚从北平回沪，电报转述了周恩来对陈光甫的致意。电报全文如下："归自北平。先悉兄已离沪。临行恩来兄嘱为劝驾早归，共为新中华努力，其意甚诚，特为转达，不久通航，亟盼握谈。"

陈光甫请伍克家复电黄炎培表示感谢，但说明他因健康原因，无法成行。

1949年9月，中国人民政治协商会议通过了《共同纲领》。李济深派人携函赴港见陈光甫，希望他能来北平参加新政协会议。这封信提到了"新中国经济建设根本方针"，其中称"凡有利国计民生之私营经济事业，均坚决保护，鼓励积极经营及扶持其发展。对于产业金融界诸耆宿及以往有经验的企业经验专家，尤能望推诚合作，共策进行"。

陈光甫意识到，这封信的来头不小。他在日记里写道："其时毛主席拟出面来信邀约，李任潮①谓不如由其出面较为轻松，免得余等为难，觉得有非去不可之意。"

这封信对陈光甫的触动很大，它毕竟反映了中共最高领导人的诚意和明确的政策。陈光甫亲自复函，称他"因失眠症颇觉严重，且耳鸣头晕"，要在香港继续就医，但对于北上邀请，不再一口回绝，而是留有余地，表示"一俟健康稍复，即行北上聆教"。原稿中还有"自维虽届衰年，顾一生致力于服务社会，此志不懈，自当为新中国效微劳以竭余力"等语。暗示在条件成熟的情况下，不排除他回内地的可能性。可是在陈的正式复函中，这几句话还是删掉了。

不过陈光甫表示，他愿意在北京投资建造一个较具规模的饭店，通过此事，可以表示一下对新生政权的好

---

① 李济深，字任潮。

感。其时陈光甫的想法，还是以不变应万变，不公开得罪内地或台湾的其中一方。

陈光甫与中共的密切接触，很快被台湾方面获悉。1950年11月，陈光甫忽然接到一个电话。电话那头说，他是周恩来的特派代表，特从北京来香港看望陈光甫，现在住在六国饭店。他说，想在香港办一份报纸，希望陈光甫予以支持。陈光甫于是请他到上海商业储蓄银行见面。

第二天，有两位中年人来银行与陈光甫见面，自称潘忠尧、张惠农。两人从公文包中拿出一封信，说是周恩来先生的亲笔信，请陈先生过目。

据见过此函原件的杨天石教授说，函头大书红字"中央人民政府政务院"，共两页，手写，内容是"久仰渠范，弥切钦迟。国步维坚，胥凭英杰作中流砥柱，共挽狂澜，翘首云天，咸盼出岫。潘忠尧、张惠农同志因公赴港，特着晋谒崇阶，希予延见，代为致意。伊等拟在港筹设日报一所。惟创办伊始，尚望海外贤达，时赐匡助，使此文化事业，俾底于成，党国前途，实深利赖"。下有周恩来签名、盖章。

陈光甫是何等精明之人，一则觉得函件措词，不像是周恩来的口气，什么"党国前途，实深利赖"等，分明是国民党之官腔。二则，他与周恩来也有数面之缘，如在抗战时期，他就在周苍柏家里见过周，如说"久仰渠范"，似是从未见过面了。细观笔迹，亦非周恩来亲书。

既来之，则安之。陈光甫问对方欲办何报，两人答曰：《解放日报》，陈已感到滑稽。再稍微深谈，两人对办报宗旨、具体内容及人事安排说不出个子丑寅卯，言辞闪烁，不着边际，却不断询问陈光甫与北京方面的往来情况。陈只得含糊应之。

陈光甫判断这两人来者不善，很可能是台湾方面派来的特务。他与北京方面的接触，台湾肯定有所耳闻，以至于派人前来一探虚实。陈光甫事后在日记里写道，按台湾方面的向来做法，甚至会对他"予以断然处置"。此后，他与中共方面的接触就非常谨慎，很少有直接的联系。我为本书向杨天石教授索序时，又专门询问杨教授的看法，他说："陈光甫的感觉是有道理的，这封信不像中共和周总理的语气，现在看来，大概是台湾方面对陈光甫政治态度的一次测试。"①

不久以后，陈光甫重新向香港当局注册了"上海商业银行有限公司"（简称"上海商银"），并对外营业，与内地的上海商业储蓄银行脱离了关系。

① 本文也参考、利用了杨天石教授所著《海外访史录》一书相关内容，在此顺表谢意。

《破晓东方》的银元之战

　　热播的电视剧《破晓东方》全景式展现了上海解放及接管工作，涉及政务、财经、文教、军事四大系统，其中一出重头戏"银元之战"，在电视剧里也有生动的呈现，其对新政权的稳固功不可没。

　　人民币的发行早于上海的解放。解放军打到哪里，人民币就跟到哪里。随着上海解放，40卡车的人民币也紧紧随行，以取代国民党政权发行的金圆券。为了保障上海市民的基本生活，军管会公布了以10万金圆券兑换1元人民币的比价，限期收兑，此后一律作废。

在上海人心目中，金圆券早已是恶性通货膨胀的代名词，说是废纸一张属于客气，废纸还比金圆券值钱得多。因此市民对于用金圆券兑换人民币极为踊跃，仅仅用了七天时间，36万亿元金圆券被收兑上来。据估计，国民党在上海发行的金圆券超过40万亿元，收兑了36万亿，金圆券在上海基本绝迹。

上海人对法币和金圆券的记忆不堪回首，对国民党统治下的纸币信用彻底绝望，一摸到纸币就觉得不靠谱，因此对新发行的人民币，也或多或少存有疑问。不少上海市民一拿到新人民币，恨不得立马换成黄金银元外钞，其中又以银元最吃香，换不到银元，则尽力购入商品囤积，要知道，商品价格一天数变，天天涨。

这样，银元事实上成为上海市场的本位币，市场要看银元的脸色。1949年5月28日，即上海解放的第二天，人民币与银元的兑换比价为600∶1，而到了6月8日，这个数字竟变成了2000∶1。邓小平之前给毛主席《关于渡江情况的报告》中已经预料到："当前最复杂的问题是金融，估计伪金圆券问题已不严重，人民券发行尚属顺利，筹码暂时勉强够用。今后主要是对付银元和反对敌人、奸商投机捣乱的斗争。"

银元俗称"大洋"，实行法币政策后，早已宣布退出流通市场。但银元流通历史长，群众基础好，保值效应高，具有良好的贮藏和支付功能。一些大户人家为防不测，将银元成瓮成瓮埋入地下，等待机会起用，反正也不会腐烂。

抗战结束后，随着国统区恶性通货膨胀，银元果然一飞冲天，价格一涨再涨。市场上，黄金被称为"老大"，银元是"老二"，也是市场计价流通的主要工具，变得非常抢手。解放初期，一些商家拒收人民币，更助长了银元贩子的嚣张气焰。我们看到电视剧《破晓东方》里一些投机商贩，在商店里囤积了大量货品，门口却挂着"只收银元"的牌子。

银元的走俏滋生了大批投机者。除了上海证券交易所大楼，银元贩子每天流窜在南京路、汉口路、江西路、河南路等地进行兑换兜售，叮当之声不绝。市民对他们恨之入骨，但为生计所迫，仍无奈找他们兑换。

上海解放后，银元贩子的活动有增无减，为了遏制银元投机暴涨，军管会曾经抛出10万银元予以压制，结果如泥牛入海，被投机商统统吃进。银元价格一路飙升，市场物价也随之疯狂暴涨，生活必需品如大米、面粉、食油的价格在几天内又上涨了一到两倍。上海的反动残余势力狂妄叫嚣："解放军可以打进上海，但人民币进不了上海。"在沪的外国侨民也认为与金圆券相比，人民币不过是"Just more paper"（更多的纸）。

当时人民币在各解放区都基本确立了本币优势，但在上海这么一个大都市，却面临着如此严峻的挑战，如任其发展，势必影响全局。华东局和军管会决定采取断然手段，彻底解决这一问题，目的是"使人民币成为真正的本位币，并发挥其机能"。

从6月上旬开始，上海采取多项举措取缔银元投机，各学校、工厂组织了群众游行，掀起了声势浩大的抵制银元运动，也就是《破晓东方》里陈毅市长说的"阵前喊话，缴枪不杀"，做足舆论准备，争取市民支持。另外，在上海加快印制人民币投向市场，以逐渐压低银元黑市价格。其中最关键的行动是，军管会组织了一个营的兵力包围，并占领银元投机的中心——汉口路422号上海证券交易所大楼。

据档案记载：1949年6月10日上午10时，"上海市公安局奉军管会命令，会同市警卫旅及军管会、财管会、金融处等有关部门，由李士英局长、刘德胜副旅长、刘春芳参谋长、赵帛科长等，率领便衣警察和警卫部队，分五组出动，到汉口路证交大楼取缔银元投机市场。

先由各组长分别到各楼宣布停止买卖，不准随便外出，也不准向外打电话，同时说明来此目的主要是逮捕违法贩卖银元、破坏金融的投机奸徒。

随后按组分别从一层楼到八层楼进行登记与审查。登记时每个人的财物都要经过本人当场自动点清，签字封包，上面写姓名、地址与钱数，然后排列成队，按名进行盘问。

据统计当天仅在证券大楼进行非法交易者为数达千余人，交易的货物主要有银元、铜元、黄金、美钞。其中情节较轻的300余人无条件释放，财物发还。同时将

　　1949年6月10日，上海市军管会查封上海金融投机的总指挥部——证券大楼。第二天，上海学生举行反对银元投机、保障人民生活大游行

违法贩卖银元、破坏金融的投机奸徒 238 人扣押。" [1]

此外，公安局干警上街抓捕银元贩子数百人。通过此次"银元之战"，银元贩子抓的抓，逃的逃，银元投机活动几乎销声匿迹。当日，"银元价格已下跌七八百元，已由二千元跌至一千二百元"。此后一路呈现下降态势。

银元之战为人民币全面占领市场扫除了障碍，上海物价也获得了暂时的稳定。但投机商们不甘失败，又把粮食、棉纱和煤炭代替货币当筹码，囤积居奇，大肆涨价。上海在中央的支持下，再次打赢"米棉之战"，赢得了民心。这表明了中共不仅在军事上势不可挡，经济上也善于治理，取得了军政全胜，毛主席为此赞誉"其功不下于淮海战役"。

---

[1] 上海市档案馆编，《上海解放 续编》，上海三联书店，1999年，第241页。

下篇

金岳霖的经济学根底

金岳霖曾任清华大学哲学系主任，著有《逻辑》《论道》和《知识论》等，构成了他具有中国特色的现代哲学体系，可说是中国最著名的哲学家和逻辑学家。在人们的印象中，金岳霖不治经济，不善理财，他在自己的回忆录中，也一再说没有学过经济学。"我没有学过经济学，唯一靠了一点边的是上了一位有名的经济学家所讲的课。"这时他在伦敦大学政治经济学院进修，"可是这位教师所讲的那门课碰巧又不是经济学，而是英国农民史，他所着重讲的是烟囱。我在英国的时候是凯恩斯出风头的时候，可是我不认识他"[1]。

其实追究起来，金岳霖的经济学根底还是很扎实的，可以说是根正苗红、科班出身。

他在海外的求学经历主要有两段时间，一是1914年至1920年留学美国，二是1922年至1925年在欧洲游学。先说美国，从清华学堂毕业后，金岳霖先到美国宾夕法尼亚大学读商科，可是，"这玩意引不起兴趣"。他本科毕业论文题目写什么，没有看到材料，但想必与经济学有关。只是他当时对经济学没有一点兴趣，因此转到哥伦比亚大学读政治学。他硕士论文的题目是《州长的财政权》，这篇文章既是政治学的范畴，也可以说是经济学的范畴。直到1920年金岳霖写了《T. H. 格林的政治学说》一文，才算转到政治学范畴，并以此文获哥大博士头衔。

金岳霖到欧洲游学是在1922年春，金的年谱统称他到英国"留学"，进了伦敦政治经济学院。他已经得了美

---

① 刘培育主编，《金岳霖的回忆与回忆金岳霖》，四川教育出版社，1995年，第43页。

国名校的博士学位，还有必要再留学？或许还是游历访学更贴切，那就类似于当下的访问学者。

不仅如此，他沿途还考察各国经济状况，所写书信多有议论。那么，经费何来？为何兴趣全在哲学，仍一路考察欧美的经济社会情形？这两个问题令人费解，金岳霖本人从未说明，回忆金岳霖的文章也均未作过解释。

最近在上海市档案馆发现的一批金岳霖书信，共计15封，写于1922年2月至同年9月，已发表在《上海档案史料研究》第9辑。其中第一封注明时间为1922年2月16日，此时金岳霖已到伦敦政治经济学院深造。他在函中说"霖此次之能入而复出求学者，全赖先生（周作民）赞助，在京时未曾面谢，深以为恨，现在既已离国，只得实心求学，求无负先生之期望"。

原来金岳霖赴欧洲深造的经费，出自周作民任总经理的金城银行。

顺便一提，各家所编《金岳霖年谱》说金岳霖于1921年12月"赴英国留学。在伦敦大学经济学院听课"。据该组书信，金到英国的时间实际上还要晚一些。因其

金岳霖致周作民函，关于请其汇寄生活费事宜

得到周作民的同意，到英国之前，先赴美国考察经济状况，然后再到英国。金在1922年2月16日函中说："去年十二月十五号由上海动身，道经美国，正月5号到旧金山，十一号到芝加哥。……正月廿六号由纽约动身赴英，二月四号到英，即日到伦敦。"由此可知他于1922年2月4日才抵达英国伦敦。

银行出钱资助，目的在储存人才以备将来使用。一般来说，银行的赞助费用须得董事会批准，《金城银行史料》中收有"总经理待遇及特别费的规定"，规定具体明确。每年，金城银行董事会给予周作民的"交际费"在4万元左右，周就用这笔钱交际，包括资助年轻人和文化人。周对文化人尤其客气，在金城银行所藏档案中，看到梅兰芳出国访问演出、徐慕云写中国戏剧史，都得到过周作民的赞助。不过，许多情况下也有老总自掏腰包的，他曾叹苦经说："每年因政治或社会方面，其时其势有不能不稍事通融或辅助者；至行中同人方面，或薪水过小，或奖金过少，不能不加以补充者，又或在行读书，或至外国求学，固系培植人才作用，不能不加以补助者。"①

金城银行资助金岳霖的经费，是半年拨付一次，具体的资助数目尚不清楚。不过金的每封来函上，周都阅过签字，仔细保存在金城银行的案卷里。

周作民既然资助金岳霖赴欧深造，作为银行家总有回报的想法。金岳霖这头也须要做点事情，才好心安理得拿这笔经费。因此金岳霖一路上，对欧美经济社会状况十分留意，并不时写信报告周作民。所存15封亲笔信，均是关于欧美经济社会的见闻和思索，显示出他极为优异的经济秉赋和见解，成为金岳霖经济思想的一个观照物。

细读新发现的这一组金岳霖书信，明显感到他的消息来源广泛，见解客观中立，要言不烦，重点突出，且不时闪烁真知灼见，非对经济有研究者，实不能为之，确属金岳霖难得的人生片段，展现出一位更多面的哲学家的形象。

---

① 中国人民银行上海市分行金融研究室编，《金城银行史料》，上海人民出版社，1983年，第266页。

20 世纪 30 年代中国哲学会成立，金岳霖是核心人物之一，大家推他担任会计工作，而且连任了十几年。后人多有奇怪，不知为何要他担任此项工作，连一起参加哲学会的冯友兰先生也说："推金岳霖做会计，大家奇怪，很有意思。"实际上其他哲学家们也不善理财，而金岳霖至少学过经济学，所以才会推他担任此项工作。

但金岳霖确实不善理财，他把哲学会的七百多元经费折腾得所剩无几，准备自掏腰包予以赔偿。可见，金岳霖即使能成为一名经济学家，那他一定也是"哲学"的经济学家，而后来他成为哲学家，也可以断定他一定不是"经济"哲学家。

新女性炒股自杀案

席上珍是一名新女性，女白领，在上海新式报纸《商报》馆做书记，也就是秘书。1922年9月，年仅24岁的席上珍，因为买股票纠葛，造成巨额资产损失，愤而自杀，当时社会关注此案的程度，并不比后来的影星阮玲玉、筱丹桂之死逊色。

席上珍之死与报馆经理汤节之有关。汤为广东人，在上海很有名望，是沪上的粤商领袖。他创办的《商报》聘请陈屺怀任主编，陈布雷为主笔，潘公展为电讯责编，这些人后来都是风云人物。汤节之不仅从文，而且经商，他参与创办的中国商业信托公司，专门接受顾客委托代为理财投资，许多人热衷证券交易，却又摸不着门道，便委托这家信托公司代为操作，起初也确实很有收益，就像包天笑在小说《上海春秋》中描述的情节一样，"开一个信托公司，包可赚钱。这是一个外国法子，中国人还没有做过"。"连那些奶奶太太们，也很高兴在那里买进卖出。"

席家系苏州洞庭东山望族，这位席小姐毕业于上海有名的城东女校，业余又在英文补习班进修。她喜欢读书，写过小说，英文流利，而且穿着打扮颇有品味，坐办公室，在当年算是文化程度很高、令人耳目一新的新女性。席进入报馆后，月薪仅20元，可是家庭尚算富裕，在股票买卖狂热下，她向亲戚朋友挪借了5000元（按实际购买力计算，约为现今的七八十万元），委托汤的信托公司购买股票。汤后来在法庭说，当时股票极为抢手，不敷分配，怕她投机过度，还劝她少买一点。因为席上珍已死，此话是真是假难以确定。

不久，信交狂热减退，信交风潮扑面而来，大批交易所和信托公司倒闭，上海的十几家信托公司所剩无几，汤节之的中国商业信托公司也关门打烊。席上珍不仅颗粒无收，连一纸股票的凭证也没有拿到。

席上珍虽说是一名白领，但月薪并不高，这 5000 元的钱款，大部分是母亲的积蓄，其他都是东借西凑而来。为了讨回这笔巨款，她多次与汤节之交涉，软磨硬泡，但都被他推脱搪塞，甚至嬉皮笑脸地说："你的钱就是我的钱。你钱放在我处，有何不放心耶。——你嫁了我吧。"

据亲友说，席上珍因为讨不回钱，无法向亲友交代，且又受了汤节之的羞辱，又气又恼，曾经在报馆内两次喝药自杀，两次都被人救了过来。下班回家时，邻居见到她含着眼泪，显得神情恍惚。回家以后，则把自己关在屋内，不思饮食，情绪十分低落。

1922 年 9 月 9 日晚上，席上珍没有按时下班，她等到众人散去，独自进入总经理汤节之的办公室，用一根电线上吊自杀，这一次，等到有人发觉她自杀，已经无力回天了。她以这样一种方式表达她的冤屈，也将舆论焦点集中到了汤节之身上。

在人们的印象中，民国时期的新女性生活在新的时代里，不仅可以驰骋职场，自食其力，而且读书明理，自信自立，与男人一样立足社会。"莫谓闺中无杰出，一飞直上九重天。"像第一代女银行家张幼仪、飞行员李霞卿等，乃至永安公司的"康克林小姐"，都称得上新女性的代名词。照理，她们有比普通人更为坚强的心理素质。可是，在社会大变动的时代，面对社会和自身的困惑，新女性却是最为脆弱的群体，她们的敏感、刚强和名誉感，成为她们迈不过的坎和难以逾越的人生障碍，而经济上的顿挫，往往是最直接的因素。

席上珍自杀后，社会舆论强烈谴责汤节之的卑劣行径，多认为是汤拒不返款导致席的自杀。陈望道先生也写了《席上珍女士在商报馆里吊死事件》，对席的自杀表示同情。处于风口浪尖中的汤节之，则公开发表声明，称他早已将所购股票凭证交予席上珍，至于股票惨跌所造成的损失，与他无关云云。至于他说要娶席为妾的话，更是矢口否认，不过又说："即使她不愿意，何必如此？"事实究竟如何，众说纷纭难以断定。

这本是一件经济纠纷导致的不幸事件，但因为早期入职报馆的女白领不多，炒股的女性更少，而且炒股自杀，在股市大起大落的时候，很容易成为市民关注的焦点。加上她与报馆经理的是非缠斗，一点办公室的暧昧，仿佛在单调的戏剧故事中，又出人意料地多了一丝悬念。

其实在席上珍自杀后，事件就演变为一场各方势力博弈的游戏，牵涉到社会神经的各方面。上海粤商与其他商人团体为争夺商业利益，向来存在矛盾冲突，一旦被社会媒体舆论曝光其负面新闻，其他商业势力焉能不暗中窃喜？近代上海同乡会势力很大，不仅帮衬同乡的生意，甚至连生老病死都要管，席上珍死后，首先出面为她伸冤的就是洞庭东山同乡会，以及几家豪放的妇女团体。因为有社会势力的介入，事情的发展就超越了案件本身，愈益社会化、扩大化。而汤节之作为粤商领袖，背后的势力也不容小觑。粤商认定搞臭汤节之的目的，就是抹黑上海的粤商势力，因此竭尽全力为汤辩护。

双方各为其主，舆论和社会各界对此案持续关注，报道连篇累牍，一直到第二年才渐告平息。

民国时期，女明星阮玲玉因为"人言可畏"自杀，越剧红伶筱丹桂也因为"做人难、难做人"自杀。她们的死，在当时都引起轰动，社会造就明星，就是用来娱乐和消费的，明星的一举一动都有娱乐价值，何况非正常死亡呢！所以她们的死，也被看客们视作最后的一次买单，一定要物有所值，爆炒到底。席上珍作为一名新女性，在当时也属凤毛麟角，说得难听一点，她的死也与后来的阮玲玉、筱丹桂一样，具有一定的"娱乐性"，人们在一掬同情之泪的同时，也不乏观赏一场精彩好戏的幽暗心理。

经济纠葛引发的案件，一旦条件具备，很容易发酵成为社会关注的事件。在舆论如潮般的攻讦下，法院判处汤节之有期徒刑三年，虽然最后通过关系，汤逃脱了惩罚，但名声已坏，此后有传言汤将"异地为官"，但被人告发而止，遂销声匿迹，不复再起。

银行里开出旅行社

　　"一国之风景，在国民经济与国际经济上，亦居于相当重要的地位。"陈光甫在创办上海商业储蓄银行后，鉴于国内旅行业的落后状态，他萌生了创办旅行社的想法。

　　在《创办中国旅行社自述》中，陈光甫讲述了一段自己早年在国内游历的经历。某年深冬的一个午夜，他独自一人坐火车路过徐州，在徐州火车站的露天月台上，看到许多等车的男女老幼，各自守着行李，在凋年腊尾的寒夜朔风中簌簌颤抖。此种情形深深触动着陈光甫，他认为像徐州这样的五省通衢，往来旅人众多，如果在火车站附近能建造一间宽大轩敞的房子，只要有条凳、有灯火，还能免费供应一点热水，慰劳一下路途奔波的过客，让他们有个地方歇脚，不是很美好的一件事吗，"我想，假使有一天我们能做到这一件事，或者这就是服务，也可以说就是我设计中国旅行社最早的一幅蓝图"。

还有一次不快的遭遇，更让他下定了决心。某日下午，陈光甫到一家外商旅行公司去买车票，柜台里的女服务员正与一位青年在柜前聊天，任他在边上等候了十几分钟却视若无睹。直到陈光甫愤而离去，服务员也没有一点想要招呼他的意思，这对陈光甫的刺激很大。

上海商业储蓄银行成立八年后，1923年秋，上海商业储蓄银行设立旅行部，1927年改组为中国旅行社，独立经营，这也是中国第一家旅行社，社址在四川路420号。开办之初主要经营国内外铁路轮船的客票业务，后来业务逐渐发达，在位于全国交通干线的各个城市也都设立了分社，旅客自甲地到乙地都可以得到中国旅行社的招呼。

在旅行业务初步开展后，陈光甫着重解决"住"的

20世纪20年代,谢之光为上海商业储蓄银行旅行部所作的广告宣传画

问题。他在全国各地风景名胜和大中小城市，先后设置了八十多家招待所，也即是中旅社的连锁宾馆，其中一些则与各地分行、分社合设。如今人人熟悉的招待所名称，即源自于陈光甫和上海银行（即上海商业储蓄银行的简称）的创意。其中南京首都饭店、西安西京招待所等，均是中旅社的招待所，因为服务周到、环境整洁、设备先进，为国民党军政要员及外宾喜欢下榻之处。1936年西安事变中，除蒋介石之外的一众国民党要员便下榻于西京招待所。

陈光甫曾回忆道："办旅行部，全国银行无人愿意办，余与朱成章兄协议创办。即为社会便利计，又为本行宣传计。此事宣传力甚大，人人知有旅行社，即知有上海银行。"

显然办旅行社的目的，一方面在于通过旅行业务获得利润，另一方面也是以旅行社为上海银行的先锋队，拓展各地银行业务的。

中国旅行社与上海商业储蓄银行相互促进，逐步成长并发展起来。从一开始的办理车船客票，行李托运，接送旅客，开设招待所，再到组织游览各地古迹名胜，规划开辟旅游线路，招募团体会员，出版中国第一份《旅行杂志》以及各地导游丛书与旅行手册，又和上海银行合作推出旅行支票，甚至还为海外留学提供相关服务……可以这样讲，现在我们所能想到的和旅行相关的业务，陈光甫都已有一定程度的涉及。

中国旅行社还试行会员制形式。会员分普通、特别、永久三种，普通会员年费2元，特别会员年费10元，而一次缴纳25元者，可以成为永久会员。各个档次的会员享受的待遇自然不同，比如住宿处的好坏、旅行地的远近等，但大学生、大公司员工和有一定文化层次的年轻男女，特别喜欢这样的会员制旅行，因为它的特色是提倡集体旅行，在旅行中结交朋友。除了旅行，会员还可以享受中旅社给予的其他优惠，当时中旅社在市内租借了游泳池、网球场、篮球场、足球场等活动场所，凡会员都可以免费租用。每逢周末，这些地方总是热闹非凡。

陈光甫极为关注旅行社职员的服务素养，曾组织巡视人员多次微服私访各网点的服务情形，据一名巡视员报告：

　　本月十四日下午三时许，赴该分社，见一年廿余岁着西装粤音之职员，当询以由沪往江西萍乡如何去法，及请估计车船各费，适有西人前来购往杭州来回票，该职员当一面婉请少候即来答复，一面应付西人，收款付票，行动颇为敏捷，迨西人去后，该职员即前来将适间所问之话，一一答复，并抄给一条，同时又声明贵客到汉后，最好到汉分社一询，该处与萍乡较近，一切情形当更明了，措辞婉转动听，态度亦甚诚恳。

可见旅行社职员的业务能力和服务态度俱佳。

　　担任中国旅行社社长（总经理）、一直负责实际业务的，是上海银行副总经理朱成章。朱是安徽泾县人，毕业于上海圣约翰大学，后留学美国耶鲁大学。回国后，曾在外交部工作。他与陈光甫是多年老友，自1923年旅行部成立后，陈就聘他担任第一任经理；旅行部改制为中国旅行社后，朱仍任总经理。陈光甫对人向来很少说好话，可在日记中他对朱有如下评语："觉其为人，富于理想，而思虑甚密，抱负高远。"

可惜在20世纪30年代初，朱成章不幸遭匪徒绑架，竟死于乱枪之下。

朱遭不测后，旅行社社长由陈湘涛继任。陈湘涛也是留学生，擅长交际。他非常注意开拓国外旅游市场，除与英商通济隆、美商运通公司合作，代理进出境旅游事务外，又先后与日本国际观光局、苏联国营旅行社等接洽合作，进一步开拓海内外旅游市场。

1931年春天，中旅社接待日本游客达到三千余人。1932年国际联盟派出的"李顿调查团"，1935年京剧演员梅兰芳赴苏演出，1936年第11届奥运会中国代表团赴柏林参赛等，均由中旅社予以安排，并在一路上派人给予特别照顾。柏林奥运会结束后，中旅社还组织运动员在欧洲游历。

有次陈湘涛偶然看见乘客上车争抢座位，便关照手下，以后不论火车汽车，坐车统一编定座号，客人按号入座，一则为便于统计人数，二则避免争抢座位。此举在当时为首创，一改乘车混乱现象。

可就是这样一个得力的干才，后来却没有坐牢总经理的宝座。据说他有一段时间出花头，被陈光甫知道后，就"另有任用"了。

戏剧家宋春舫的银行史作

　　有点文学史知识的人，大概都知道宋春舫是一位文学、戏剧方面的名家，他在戏剧研究和创作方面的成就，在文化界得到一致公认。1916年宋春舫已在北京大学执教"欧洲戏剧"，这是中国高等院校第一次开设西洋戏剧课程。李健吾就是他的学生。1938年，年仅46岁的宋春舫因病逝世，此后在相当长的一段时间内，人们似乎将他忘了。其英年早逝，或许是主要原因。

　　好在近年又有越来越多的人想起这位戏剧界的前辈，从不同的角度撰文纪念他，他的戏剧天才、他的语言秉赋、他的褐木庐藏书，都被人津津乐道。董桥在《灯下、图片、旧事》一文里说："我们只知道什么人在中文大学当什么要角，我们或许知道什么人在编什么杂志，但是，我们更应该知道有位宋春舫先生一生做了什么工作。"他的生平事迹，相信会有许多人进行研究，不过宋春舫与上海商业储蓄银行的因缘，尤其是他撰写过一部银行史的事迹，恐怕鲜为人知，在此记上一笔。

1931 年夏，上海银行总经理陈光甫慕于宋春舫的文名，请他来上海为银行撰写行史。该行约请宋春舫来撰写行史，就是看中宋春舫不是本行职员，也不是金融界中人，这样与上海银行，或者其他银行，毫无瓜葛，更能以局外人的眼光看待银行的所作所为，落笔可以不偏不倚，将来公诸于世，也会更有说服力。

当时宋春舫还在青岛大学当教授，因为体弱多病，常常在他的褐木庐书斋读书休息，上课并不多。梁实秋在《雅舍小品》中曾写道："我看见的考究的书房当推宋春舫先生的褐木庐为第一，在青岛的一个小小的山头上，这书房并不与其寓邸相连，是单独的一栋。环境清幽，

"只有鸟语花香，没有尘嚣市扰。"图为宋春舫在褐木庐门前留影

只有鸟语花香，没有尘嚣市扰……"

盛情之下，宋春舫欣然接受邀请。经两年多时间的努力，宋于1934年春完成了上海银行行史的编写，名为《上海商业储蓄银行二十年史初稿》。书稿共计七章：二十年前的中国、二十年前的上海金融市场、本行成立之由来、本行发展之经过、本行和环境奋斗之事实、本行之文化事业、世界经济之解剖及本行将来之使命，另有序言一章，约计15万字。

上海银行成立于1915年，赶在1935年上海银行成立20周年前完成是银行方面与宋春舫的约定，从时间上看，宋春舫提前交了稿。

难能可贵的是，宋春舫作为一名剧作家，却洗脱华丽的文风，在研究的基础上，追求一种风格谨严、文字清丽的写作风格，称得上是一部真正的历史著作。我曾整理过该部书稿，看得出来，宋春舫在此稿上所花的心血和精力非同一般。此稿经整理后，连载刊布在上海市档案馆《档案与史学》杂志上，读者能真切感受到这位戏剧家的研究能力和写作才华，不愧为名家名作。透过一家银行的成长，当年上海金融界的历史和银行家们的奋斗仿佛历历在目。其中一些章节，如银行扶持社会文化和教育事业的内容，迄今读来还是令人感叹和长思。

这部银行史的特点，不仅将上海商业储蓄银行的草创、发展和壮大描写得清清楚楚，而且十分注重历史细节，也体现在对陈光甫为人的刻画处，这是一般历史著作缺乏的方面。如他写陈光甫及上海银行的成功经验，说："多数人的观察，以为陈先生是富有奋斗精神，所以历年来不断地和环境奋斗，战胜一切，而造成上海银行历年来营业方针，总是推陈出新，不落寻常曰。但吾人以为陈先生的长处，是在'好学不倦'四个字的上面。吾们知道陈先生在美国的时候，不大与人往来，校舍而外，在图书馆的时候为多，于不知不觉中，便养成了读书的习惯，几于无书不好。回国以来，二十年中，没有一天，至少不看一二小时的书，这是任何人所望尘莫及的。"①

---

① 宋春舫，《上海商业储蓄银行二十年史初稿（二）》，载《档案与史学》2000年第2期，第13—18页。

宋春舫为上海银行撰写行史，大概是学者撰写现代企业史的第一人。但不知为何，该书最后没有出版。原稿一直存于上海商业储蓄银行档案内，成为后来许多学者研究金融史的一部重要参考著作。

据原上海银行秘书室负责人郎念祖先生回忆："宋春舫为人洋派，风流倜傥，总是穿着花哨的西服，与其他银行员工穿着完全两样，很有艺术家风度，但身体有点弱不禁风的样子。那时候他在宁波路上海银行内有一间办公室，也不是天天来，蛮松散的。陈光甫喜欢请名流来银行做事。宋春舫还帮银行写过行史，帮陈光甫写过传记，可惜一直没有出版。"[1]

郎老的回忆很抓神，但略有出入，宋春舫确实帮银行写行史，但帮陈光甫写传记的不是他，而是另一位著名学者林同济，这里再交代几句。

就在宋春舫赶写银行史的时候，1933年上海银行又成立了图书委员会。陈光甫聘请宋为图书委员会主任，

① 复旦大学中国金融史研究中心编，《近代上海金融组织研究》，复旦大学出版社，2007年，第258页。

主持银行图书馆的整理工作。陈光甫自己不喜欢应酬，还劝别人多读书。他后来办海光图书馆，提倡健康的文体活动，大概也是这个意思。海光图书馆的馆舍位于番禺路，原先是上海银行购买的一幢洋房，准备给陈光甫居住，但陈光甫认为过大，没有搬进去住，遂被挪用作海光图书馆的馆舍，聘请著名学者林同济担任主持，我因写有《海光图书馆始末》一文，这里就不展开了。

林同济是继宋春舫之后与陈光甫关系密切的又一位学者，他曾计划为陈光甫作传。"文革"期间，有人逼着他交代与陈光甫的关系，他说："我想为他写一英语传记，采用欧美传记作家的新写法：不罗列事实来写他的'事业'成就，而是要运用'事业'的事实，来写出他的'心灵'——他的'闻道'的心灵！"但在写了一章后，因为太忙，更可能由于他自己的要求太高，最终没有继续写下去。

杨绛写陈光甫轶事

出人意料的是，女作家杨绛先生写过《陈光甫的故事两则》，全文很短，不足千字，一则是"陈光甫的皮鞋"，另一则是"母女俩的故事"，以精简笔墨勾勒出人物性情，内容隽永而富有意蕴，有现代世说的味道。

说起来陈光甫与杨家的关系颇为密切，杨绛也对陈光甫留下深刻印象。

杨绛在文中起手便说："亲手创建上海商业（储蓄）银行的陈光甫先生和我爸爸是无话不说的好朋友。他们同在美国宾夕法尼亚大学进修。我爸爸属法学院，陈光甫属商学院。"

杨绛的父亲杨荫杭早年赴美留学，在宾大法学院获得硕士学位，陈光甫就读的是宾大商学院，即著名的沃顿商学院，由于他们的同级校友关系和密切交往，两人结下深厚友情。杨荫杭回国后，曾任江苏、浙江高等审判厅厅长，京师高等检察厅厅长等职，但因不畏权贵、不徇私情，得罪了不少北洋政要，被迫回无锡老家赋闲。忧愤交加的杨荫杭因此大病一场，家庭也陷入经济困境。

此时的陈光甫已经在上海创办了上海商业储蓄银行，却多次亲赴无锡探望杨荫杭，并给予经济援助。杨绛在《回忆我的父亲》中说："我父亲病中，经常得到好友陈光甫先生和杨廷栋（翼之）先生的资助。他们并不在无锡，可是常来看望。父亲病中见了他们便高兴笑谈，他们去后往往病又加重。我虽是孩子，经常听到父母谈到他们，也觉得对他们感激。"

杨绛在家里经常听她父亲杨荫杭讲述陈光甫的故事，并印象深刻，晚年写下这篇轶事笔记。

"陈光甫的皮鞋"是杨绛听她父亲讲述的。大意是，陈光甫经常去某亲戚家投宿，有一次，临去时买了一双新皮鞋。晚饭后大家谈笑了一番，各自归寝，那双皮鞋搁在床尾桌子上。可是那天不知怎的，晚上睡在被窝里，陈光甫辗转反侧睡不着，感到害怕极了。到了半夜时分，忽然闻到布头着火的烟味，失火了！他恍然自己"哦"了一声："就是为了这件事！"

火是从邻家延烧过来的。陈光甫连忙起来叫醒主人，只抢得几件珍贵细软，他自己则拎了那双新皮鞋逃离火场。杨绛说："未来的一场火灾，陈光甫事先觉得害怕，我们觉得很微妙；但那是他的亲身经历。"

陈光甫在杨家，还讲述了"母女俩的故事"。有母女两个相依为命，平时各居一室；可是有一天两人都说不出的害怕，只好整夜开着电灯，相守在一起。到天蒙蒙亮的时候，忽闻邻家喊捉贼。据贼招供，他因为看见母女家晒皮衣，打算偷他们家，于是便蹲在对面屋脊上等候母女灭灯便下手。他等了一夜不得机会，没奈何就去偷邻居家，不料失手翻了船。

看杨绛写陈光甫轶事，这位银行家有着异于常人的直觉能力，这是否隐喻着他后来在银行界的巨大成功，甚至被人誉为"中国第一银行家"，与他的这种超能力有关。

如果从心理学上解释，乱世中知识分子长期处于不确定性环境，所产生的生存焦虑，会强化他们的威胁探测能力，尤其是有国际视野和独立思考能力的精英群体。小至火灾和窃贼的威胁，大至家国前途和政治命运的抉择。如另一位银行家张嘉璈在自传中记载，抗战爆发前夜，他"忽觉心神不宁"，遂提前转移银行重要文件。

据说感知敏锐者，在日常生活中都属于稳健谨慎之人。放在陈光甫身上，似乎的确如此。上海银行是最早设立信用调查部门的，也是存款保证金比例最高的，即使在20世纪二三十年代这个"黄金时代"，他也保持了一份难得的清醒。上海银行投入房地产和有价证券的资金比例，在银行业里始终是最低的，其中投资房地产的金额，一般仅占存款的3%左右。

抗战爆发后，陈光甫三次冒险赴美借款，而且获得了成功。时任驻美大使胡适称之为"最大的忠诚，最苦的牺牲"，为坚持抗战作出杰出贡献。但在内战爆发后，尽管蒋介石一再要求他前往美国，再次争取巨额美援，但已经看到苗头不对的陈光甫，断然予以拒绝。他在日记中写道："全国人民莫不要和，今日要打者惟南京耳。"他反对内战。打，不可避免，但打的结果如何，以陈光甫之敏感，也不难预料。陈光甫清醒地认识到，国民党政权的垮台只是个时间问题。

"愈来愈清楚，共产党人将来到并占领上海。"因为，"共产党的政策是穷人翻身，土地改革，努力生产，清算少数分子……所以有号召，所以有今天的成就。反观国民党执政二十多年，没有替农民做一点事，也无裨于工商业"。

不仅如此，对蒋介石失望透顶的陈光甫，在上海解放前夕顶住压力拒不迁往台湾，而与大部分银行家一样避居香港。

海光图书馆始末

抗战爆发后，上海商业储蓄银行西迁山城重庆，总经理陈光甫也在那里赁屋暂住。公余之闲，他与一些同样避难后方的文化人多有来往，相互间常有读书讨论。1941年，著名学者林同济从昆明来重庆养病，便成为陈府的座上客，有一段时间还担任了陈的"读书顾问"，就住在陈的家里。

林家是福州的望族世家，林同济本身又是洋博士，获美国加州大学伯克利分校比较政治学博士学位，回国后在天津南开大学、西南联大和复旦大学任教。1937年盛夏，蒋介石召集全国有影响的知识分子到庐山座谈，听取各方人士对抗日救国的意见，史称"庐山谈话会"，林同济也在受邀之列。

据林同济回忆，他与陈光甫结识，介绍人是他清华大学的同学，时任陈光甫英文秘书的冀朝鼎。稀奇的是，陈光甫身边这位才华横溢的秘书，还是受周恩来直接领导的秘密党员，当然陈对此一无所知。国民党元老陈立夫在回忆录《成败之鉴》中，专辟一节写到了冀朝鼎，说他专门替孔宋出坏主意，贻害"党国"。

在重庆，林同济向陈光甫建议，上海银行不妨创办一家西方思想文化方面的专门图书馆，他说："我认为上海城市太商业化了，最好办个'西方思想图书馆'，专收文艺史哲方面的书刊，一则可显出上海银行不是生意经，而是努力为'纯文化'服务，二则将来中国文化革新，总须要吸收西方思想的精华，办个这样的图书馆，意义亦大。"①

---

① 林同济，《关于海光图书馆的缘起与筹办》（未刊稿）。

上海银行图书馆藏书票

陈光甫爱书成癖，在上海银行创办时，他就挤出银行的房间，辟设图书阅览室，供职员业余参考阅读。他将自己的藏书悉数捐出，许多高级职员也踊跃捐献，图书越来越多，银行内放不下，又在银行附近借了一所房子存放。不过，当时图书馆仍属内部性质，图书杂志除少量文学艺术类外，大多属于经济金融等业务类。

林同济有意创办一家新型图书馆，陈光甫欣然同意，表示一切经费由上海银行帮助解决。他们商量约定，待抗战胜利回到上海后，由林同济负责筹办一家面向社会的"西方思想图书馆"。同时陈光甫留意收购相关书籍，张嘉璈因受蒋介石压迫出国，为筹措经费，拟将重庆家中藏书全部出售，陈光甫得知后悉数收入。

抗战结束后，陈光甫果然没有食言，委托林同济主持，1948年6月，海光图书馆办了起来。

据林同济说，采用"海光"一名，暗合上海银行与陈光甫，也与上海银行行刊"海光"名称一致。海光图书馆的英文名称为"海光西方思想图书馆"，以求名实相符。关于海光图书馆的史料极少，兹据上海银行内文件

《海光图书馆概况》记载：

一、本馆系专门图书馆性质，专收国外主要作家专集及其有关之研究及参考书籍（西文为主中文亦酌收）；

二、本馆为上海商业储蓄银行所创办，专供各大学及专科学校教职员学生及各界机关研究人员参考之用；

三、本馆成立于一九四八年六月，现编目大体就绪，拟即开放服务；

四、组织：

1. 董事会：陈光甫（董事长）、伍克家、沈维经、林同济（以上三人为常务董事），朱汝堂、徐谢康（以上二人为董事）；

2. 馆务委员会：由常务董事以一人出席为主任馆员与图书馆管理员二人、编译二人组成之；

一、经费由上海银行供给，实报实销；

二、馆址：今番禺路209弄16号，电话二二三

六一;

三、赞助人：张志让（复旦大学校务主任委员）、吴有训（交通大学校长）、潘振亚（复旦大学法学院长）、周谷城（复旦大学教务长）。①

海光图书馆的馆长一职未见明确记载，但由林同济主持馆务是确凿的，按以上史料记载，"由常务董事以一人出席为主任馆员"，在常务董事和董事中，除林同济外，均系上海银行高管，因此主持馆务的"主任馆员"只有林同济，实际行使馆长之职。

图书馆设在番禺路 209 弄 16 号，是一座三层楼的洋房，这座小洋楼原先是银行买下来给陈光甫住的，陈光甫觉得不合适，便让给了林同济办图书馆。由于对外开放，藏书富有特色，这家图书馆具有一定的社会影响。

既然是海光西方思想图书馆，又定下西文为主、中文酌收的方针，图书的搜购方向自然远在欧美。渠道大

---

①《海光图书馆概况》，上海市档案馆藏，档号 Q275-1-2591。

致有三：

一是请人在欧美购买寄回，其中不少还是从私人和旧书店淘来的旧版珍本。1946年底，林同济在国外一次就采购了英、法、德文版书刊约三千美元。二是林同济利用游历欧美的机会，向国外一些大学图书馆接洽，请求捐赠一些复本；三是一些社会名流如孔祥熙、张嘉璈等也向图书馆作了捐赠，书上都有他们的捐赠印记。其中包括德文原版马克思的《资本论》。

除对外借阅外，海光每一两周开个读书报告会，由研究组成员轮流举行讲座，或邀请馆外专家前来举办讲座，题材广泛，哲学、政治、经济、文化无所不包，有"朵斯陀叶夫斯基的小说"，也有"美国期刊上的几个问题"；张君劢来讲"中国宪政"，复旦大学教师则讲"马列主义的要旨与文献"，听众有银行职员，也有外界普通读者。

1949年5月18日，上海即将解放，陈光甫已经离开上海避居香港，海光图书馆突然遭到军警特务的包围，包括林同济在内的所有馆员，甚至在馆内的读者，统统被军警押回看守所，讯问馆里谁是共产党，藏了些什么共党的书刊。第二天，又把他们押回馆内，不许任何人外出，翻箱倒柜搜寻进步书刊，扬言准备将他们"集体枪毙"。林同济本人也被上了手铐，关在图书馆的三楼受讯，要他交代"掩护共产党地下工作"的情况，直到解放军开始攻进市中心，这班特务才匆匆散去，折腾了六天六夜的"海光事件"才结束。可笑的是，那位带头抓人的特务，后来经林同济介绍，跑到香港拜访了陈光甫，然后去了美国读书。

号称沪上八大图书馆之一的海光图书馆，新中国成立后不久宣告关闭，藏书由上海市人民图书馆接收，后全部移交给上海图书馆。今存《上海图书馆前海光图书馆图书目录》一册，可资参考。

在中国近代史上，陈光甫创办的上海商业储蓄银行（简称上海银行）和中国旅行社均占有重要地位。但陈光甫多次对人说起，他一生事业不是"二大杰作"，而是"三大杰作"，还应包括颇具特色的海光图书馆。的确，如果假以时日，日积月累，上海一定会有一座别具特色、典藏西方思想文化的专门图书馆。

中行别业:
精致院落里的生活形态

    在上海的许多区域分布着许多高级公寓、花园别墅、新式里弄住宅,如山阴路上的兴业坊、文华别墅、大陆新村,愚园路上的四明别墅、新华园、中实新村,淮海路上的新华公寓、四明里、上方花园、来德坊、淮海坊和中南新村,南京西路上的戈登别墅、兴业里、金城别墅、金城坊,镇宁路上的渔光村,江苏路上的中一村,长宁路上的兆丰别墅,万航渡路上的中行别业,雁荡路上的元昌里,富民路上的古柏公寓,延安中路上的四明村、模范村、中行公寓，等等。

这些"楼盘"名称，一看就知道分属几家银行，如兴业坊属于浙江兴业银行；鲁迅居住过的大陆新村，属于大陆银行；四明别墅、四明里，与四明银行有关；金城别墅、金城坊，当然系金城银行所建。

银行购置、兴建这些产业，既可以用于出租赚取利润，也用来安置他们自己的员工。如今，你无意间走进一条已是保护建筑的弄堂，很可能就是当年的银行产业，而清晨在那里做操，黄昏在那里散步的老人，或许就是老银行的员工，或者就是他们的后人！

我认识的一位银行界老人郎念祖，住在愚园路中实新村，九十多岁高龄，思维敏捷，精神健硕，每天还在弄堂里打太极拳。他住的是中国实业银行的房子，但他本人却是上海银行秘书室负责人，房子是由上海银行买下来分给他的。

虹口同济路同济里，这一片以前都是上海商业储蓄银行的宿舍。我几年前做一个口述项目，找到好几位上海银行的老人，都住在那里。一位姓吉的"老银行"叫吉嘉禄，住的是一幢三层楼的里弄房子，就是银行分给他父亲的，一直住到现在。

银行投资建造职工宿舍，分配给符合条件的员工居住，上下班有来回班车，中午有免费的午餐，待遇十分优厚。但银行的用意，是用优厚福利将员工与银行融为一体，便于统一管理，互相监督，在银行这个枯燥乏味的工作环境中，调动员工的工作积极性，避免员工染上十里洋场花花世界的恶习。因为员工禁不住诱惑，而贪污舞弊的事情，历年各家银行均有发生。

吉嘉禄回忆说："上海的花花世界本来就容易让人堕落，再放任年轻人到舞厅里玩，早晚要出事，陈光甫把宿舍都安排在老远的地方，也是这个道理，不让人接触坏的诱惑，他宁可每天派车接人上下班。"①

大陆银行出资兴建的大陆新村，包括山阴路132、144、156、168、180 和 192 弄六条弄堂，共有 60 幢独门进出的新式住宅，鲁迅先生就长期租住 132 弄 9 号的整

---

① 吉嘉禄口述、邢建榕记录，《回忆我在上海银行的工作经历》，《上海档案史料研究（第二辑）》，上海三联书店，2007 年，第 209 页。

幢建筑，一直到 1936 年他病逝为止。他的《弄堂生意古今谈》就写于大陆新村。

再如四明村，由四明银行分两期施工建成，有新式里弄联排式建筑 118 幢，除银行职员外，租住该地的多为文化界人士，如徐志摩、陆小曼夫妇及胡蝶等人。

中国银行在上海的宿舍叫做"中行别业"，在英租界西端的极司菲尔路 94 号（现万航渡路 623 弄），是当时的中行老总宋汉章为解决职员居住困难而投资兴建的。后来在边上还另修建了网球场、乒乓室、花园等，员工可在此打网球、练拳操，其他生活设施也很齐全，供销社、医务室、理发室等，应有尽有。

已故作家程乃珊的祖父母、外公外婆、父母亲，都在中行别业居住过。她在《我所认识的中国银行》一文中写道：

中行别业是 1923 年由中国银行上海分行出资建造，并经中国银行常务董事会讨论决议，建造第一批砖木结构的单开间三层楼的联体石库门房子共七列。

每幢安排一位员工家庭，合共有五十六户员工家庭迁入新居。外加一座四层高的建筑，有点类似今日的会所性质：下面为大礼堂，作员工家庭婚庆典礼之用；二楼为免费员工子弟小学——"中正小学"；三楼四楼为单人宿舍，供未婚员工住宿。区内设有供销社、图书馆、理发室、联合诊所、老虎灶、大饼油条点心店等生活设施，另有网球场、乒乓室、篮球场等。现在看来，已是一个具相当规模的小型社区。在八十年之前，上海的住宅设计已有此等前卫的创意，上海人的紧贴时代及与时俱进精神，由此可见一斑。[1]

当时极司菲尔路属于英租界越界筑路地段，地皮颇为便宜，随着中行员工人数的增加，中行别业也不断扩建，后来还建造过俗称为"九宅头"的连体别墅，供经理一级的管理层居住。中行总经理张嘉璈也居住在中行别业。

---

[1] 程乃珊，《我所认识的中国银行》，《新民晚报》，2008年4月20日。

上海中国银行非常注重员工业余生活，经常组织丰富多彩的体育活动。图为上海中国银行篮球队员赛后合影

中行别业与南京路外滩的中行大楼东西相持，路途较远，所以银行又配备了班车，员工们每天上班，同进同出，早上搭乘行里的班车上班，中午在行里食堂一同用餐，晚上又一起搭乘班车回家，实是一个其乐融融的大集体。

可以看出，银行宿舍多为集中居住的新式里弄住宅，结构合理实用，并附有相应的公共活动空间，即今日所谓"社区""会所"。在银行宿舍兴起以前，无论是公寓或是里弄住宅，都是没有"会所"概念的，因为要有这么一种室内外的活动场所，需要投资者的着意打造，也需要居住人员的和谐相处和较高的文化素养，这恐怕只有银行界才能兼而有之。著名美籍华人学者叶文心教授曾以《时钟与院落——上海中国银行的威权结构分析》为题，研究中行别业"精致院落里的生活形态"，并由衷赞叹"中国银行这种现代开明大企业在此中的营造之功"。

称雄远东 50 年的国际饭店

　　20 世纪 20 年代以后，上海成为中国的经济和金融中心，城市面貌日新月异，尤其是租界特殊的政治格局，形成相对安稳的经济、社会环境，吸引大量外来移民来沪，连原先居住在老城厢的居民，这时也纷纷迁居到租界。十足的人气，为城市房地产业的繁荣奠定了基础。

　　而且，上海工商业发达，造大楼、盖商铺、建工厂，安置日渐增加的人口，土地需用量一年比一年大，地价不涨才怪。

　　当时房地产业在上海正如日中天，炙手可热，上海滩最富有的沙逊、哈同等人多是依仗房地产业发迹的大亨。金融业为百业之首，是资金最集中的地方。钱要生钱，冷钱变热钱，那些精明过人的银行家们眼看房地产业热火朝天的景象，加上储蓄资金的充沛，需要寻找更好的投资出路，因此寻找投资回报率较高的领域，房地产业当是首选。但银行并不直接经营房地产业，所以纷纷设立信托部，由名义上独立核算的信托部出面，吸收资金从事委托经营。

1930、1931年两年内，中国银行、交通银行等大银行，新增设了五家信托部，一下子带动了其他中小银行纷纷跟进，从事房地产业务。几乎没有一家银行不在房地产市场里分一杯羹、切一块蛋糕的，更推动了上海房地产业的发展和房价的持续走高。

毫无疑问，在工商业发达的上海，大量中外金融机构集聚，需要有高档楼宇充作营业场所。因为营业场所的好坏，牵涉到一家金融机构的脸面，而脸面就是实力、信誉的表征，谁敢马虎！

很快，在英租界商业区，高楼大厦纷纷拔地而起。

在由外滩滨江大道、广东路、江西路、北京路围成的面积一二平方公里的区域内，集中了大大小小上百家中外金融机构，那里矗立着各式各样的高层建筑，许多就是银行的营业大楼，因为银行要以此显示自己的资力殷实，信誉良好。这些如今被人称做"万国建筑博览会"的建筑，有的迄今还在发挥金融机构的作用。

实力雄厚的银行很少有租赁大楼的，都以拥有自己的大楼为荣，购置或租地一块，兴建银行的营业大楼。这些大楼，也几乎清一色的气势逼人，如1923年建成的汇丰银行，这座英国新古典派希腊式建筑，造价1000万元，相当于上海分行两年多的盈利，被人们誉为"从苏伊士运河到远东白令海峡最华贵的建筑"，成为上海最具代表性的标志性建筑。

中资银行方面，有宏伟壮观的中国银行大楼、典雅华贵的金城银行大楼等，争奇斗妍，各有千秋，但任何一家中资银行大楼，无论从气势，还是影响上，都比不过四行储蓄会兴建的国际饭店大厦。因为它还是中国人自行投资、自行建造的第一高层建筑，上海人俗称"廿四层楼"，这一高度，居然称雄远东整整 50 年。

1930 年，由上海金城、盐业、大陆、中南四家银行组建的四行储蓄会，以 45 万两白银的代价，购进位于上海市中心跑马厅对面派克路（今黄河路）上二亩七分多的一块地皮。这四家银行人称"北四行"，与"南三行"（上海商业储蓄银行、浙江兴业银行、浙江实业银行）齐名，是近代中国最有实力的民营银行，四行储蓄会则是它们的联营组织。

四行储蓄会之所以最后敲定这笔巨额投资，主要还是考虑银行资金的出路。当时四行投资外汇债券获利丰厚，1931 年即有 1000 万元的收益，需要有新的投资渠道，因此首先想到了节节攀升的房地产，这是促成储蓄会购地并出资建造营业大楼的主要原因。

其次，借营业大楼的宏伟外观树立自身实力非凡的形象，在气势上压倒其他银行，以便吸引上海更多的储户前往四行存款，这是四行投资建造该大楼的另一目的。曾任国际饭店经理的孙立己回忆说："当时各银行及个人投资房地产的非常多，地皮价格猛涨，这是促成兴建国

国际饭店，又名四行储蓄会大楼，建筑高度称雄远东 50 年

际饭店的最主要原因；第二，高耸入云的摩天大楼是对存户最有吸引力的广告。"

匈牙利籍建筑师邬达克应邀承担大厦的设计，1934年12月1日，历时三年多建设的国际饭店，终于惊世亮相，上海人仰望巍巍高楼，誉之为"东半球之杰作""巍峨雄伟汇现代建筑之精华"。当时谁都不知道，在大厦的建造过程中，有一位年轻的小伙子三天两头来看施工，越看越有味，吵着要去美国留学读建筑专业，而不是父亲要求他攻读的金融学。这位小伙子就是后来的建筑大师贝聿铭，他的父亲则是著名银行家贝祖诒。

四行储蓄会大楼落成后，许多房间被各大洋行、公司以重金租订，底楼作为银行的营业大堂，大堂的地下室有超级金库，安装有大小保险箱3400只，库房大门厚达24寸，重达32吨，门上装有密码，可改换拼组密码50万种，真有固若金汤之感。楼上主要是作为高级豪华宾馆的国际大饭店，招待达官显要、外国名流前来下榻。四行储蓄会主任吴鼎昌的办公室，也设在饭店的一间套房内，他的电话线一头连着跌宕起伏的金融市场，一头直通蒋介石的办公室。

四行储蓄会建造国际饭店，是金融业涉足房地产业的一个成功案例。此后 50 年间，国际饭店一直作为远东第一高楼，傲视上海滩。许多重大的社交活动，尤其是华人举办的一些庆典活动，都喜欢假座国际饭店进行。上海文艺界在此设宴招待过来访的卓别林。1935 年梅兰芳率团出访苏联，上海银行家也在此设宴欢送。1937 年 5 月 19 日，宋美龄、宋霭龄莅临国际饭店，首次通过中美长途电话与美国罗斯福总统夫人通话。四行储蓄会通过建造国际饭店，其影响蒸蒸日上。

苏州河边光复路 21 号的四行仓库，也是四行储蓄会的房地产投资项目，仓库耗资 82 万元，专门用以存放银行客户的抵押品和货物等。八一三淞沪抗战爆发后，谢晋元率领"八百壮士"在此坚守，四行仓库因此闻名全国。现今国际饭店、四行仓库均是全国重点文物保护单位。

汇丰银行大楼穹顶壁画

　　1982 年笔者被分配进入上海市档案馆工作，档案馆大楼位于四川中路 220 号，历史上是汇丰银行所属的副楼，正门位于四川中路，后门与汇丰银行大楼相连。但其时已经隔断，汇丰银行大楼早已改造为上海市人民政府所在地，大楼正门，有两位武警持枪守卫，一般行人敬而远之。如要进入到大楼内，需从外滩正门或福州路侧门进入。

　　改革开放以后，上海重振昔日金融中心的辉煌，尤其是外滩本来就是"东方华尔街"，腾笼换鸟，势在必行。于是将一些政府机关大楼进行置换，包括上海市人民政府使用的汇丰银行大楼，以恢复老建筑原有的金融与贸易功能。1996 年 12 月，浦发银行经过竞争角逐，得以置换搬入汇丰银行大楼。

浦发银行随后委托上海建筑装饰集团，对汇丰银行大楼进行清理修复。为了慎重起见，一同邀请了国内外专家进行"会诊"。受邀而来的专家根据档案指出，大厅穹顶部位应该存有壁画，可请工匠进行覆盖物清除试验，看看能否有所发现。

外滩 12 号整复项目的中方负责人、原上海建筑设计研究院总建筑师章明后来回忆说，"先用小刷子层层剥离油灰，再用英国进口材料洗除壁画表面涂层，第四层覆盖物被清除后，壁画渐渐显露"。

结果确实令人兴奋，工匠们花了整整 40 个工作日，小心翼翼除去层层涂料时，200 平方米的壁画真容尽显，如童话般赫然出现在人们的眼前。

这一壁画巨制立即引起世人极大的关注，被媒体称之为"世纪壁画"，是"一笔价值连城的文化遗产"，也为汇丰银行大楼再添传奇色彩，如今进入大楼的游客，必定会仰头观赏这组无比精美的壁画。

上海开埠后，英商丽如银行捷足先登，稍后英、法、德、日、俄、美、比等国金融势力纷纷涉足上海。1865年4月3日，英商汇丰银行上海分行在上海开业时，整个上海滩已经有十来家洋商银行了，但汇丰凭借其在华特权和经营之道，很快后来居上，不仅业务量大大超越香港总行，而且成为近代中国第一大银行。1894年甲午战争前，清廷共借外债白银4600万两，其中汇丰一家就贷款2900万两，占63%以上。因为向汇丰借款，需要以海关关税作保，它还拥有控制中国政府关税和其他税收的特权，中国政府如要动用，须经汇丰批准，可想而知这对近代中国的政治和经济影响有多大。连汇丰银行的买办也高人一头，因为经常替清政府中介借款，其买办被清廷赐二品顶戴，赏穿黄马褂，成了"红顶买办"。

位于上海外滩12号的汇丰银行大楼，以其雍容华贵、气势恢宏的希腊式风格，堪称外滩万国建筑博览会的经典之作。汇丰银行早期租用南京路外滩中央饭店

（后称汇中饭店）底层办公，后买入现海关大楼南面西人俱乐部的房屋和大草坪，造了一幢三层楼的洋房，在当年也是外滩建筑中的佼佼者。19世纪90年代，汇丰银行又对此楼进行了改建，将房屋底层半圆形门厅扩展为长方形门厅，增加了不少面积。李伯元小说《官场现形记》曾写到威风凛凛的汇丰银行，便是此三层楼。

到了20世纪初年，汇丰银行因其业务发达仍觉不敷使用，于是通过多次谈判，高价购入隔壁的别发洋行和美丰银行，推倒原有的三层建筑，兴建一座能匹配其实力和影响力的崭新大楼，这便是留存至今的外滩12号新大楼。

汇丰新大楼由英商公和洋行主管威尔逊建筑师设计，英商得罗·可尔洋行承建，于1921年5月5日开工，1923年6月13日竣工。大楼占地面积9338平方米，建筑面积23415平方米，是当年外滩最大最雄伟的建筑，也是仅次于苏格兰银行的世界第二大银行建筑。施工过程中还追加了预算，一切以最好、最新、最豪华、最完美的要求出发，意大利的花岗岩、大理石，法国的吊灯、器皿，巴西的红木，通过轮船远渡重洋运至上海。

大楼建筑主体为五层，局部六层，中部凸出圆穹顶二层，下有地下室，共八层。穹顶仿古罗马万神庙之顶而建，成为汇丰银行最显目的标志。大楼横向两边对称，显得典雅而华贵，外有一对铜狮镇守，一只名史提芬，另一只名施迪。且设计者充分考虑到银行大楼的功能，将银行的雄厚资本和坚固信用，以及银行对外营业的需要融合在一起。拾阶进入正面大厅，需要经过三扇铜铸转门，既体现了大楼的尊贵豪华，也相应地起了保护的作用。

汇丰银行的大厅极为奢华，进入大厅就是一座八角形门厅，由八根大理石柱支撑，上有壁面和穹顶，距地面高约20米。八角形门厅后面才是1500平方米的营业大厅，高大的12根意大利进口的大理石巨柱，如同顶天立地的巨人撑起了天蓬，望之深远寥廓。

大厅的最大亮点当然是八角形门厅壁面和顶部的马赛克壁画，共约200平方米，内容取之古希腊神话，其创意之深远、纹饰之华丽、工艺之精湛，具有令人震撼的视觉冲击力。但这些壁画又是何时被覆盖的呢？猜测最多的，也最为合理的，应该是在那段动乱时期有心人为了保护它不被破坏，而施予的无奈之举。

但据档案史料，时间还应该提前十年。

上海市档案馆保存有一组关于该楼的档案，涉及1955年大楼改建修缮的情况，另有新中国成立以后国际照相馆拍摄的汇丰银行大楼内景照片一组，可以部分还原大楼修缮和壁画覆盖的过程。

当年上海市政府拟从江西路原工部局大楼搬入汇丰银行大楼办公。为此派人对大楼作了调查摸底，基本情况是：

> 银行大楼：层数八层，包括圆屋顶二层；各层可用总面积21120.10平方公尺；建筑：打桩地基，加厚钢筋洋灰地基筏、钢骨架、钢筋洋灰、花岗石、砖及大理石；底层各窗为铜制，其他各层为钢窗，底层大门为铜制或铁制，其他门及门框为麻栗木制；底层银行大厅之地板为大理石及人造大理石，其他

各层为橡太地板；有载客电梯六部，一部停用，及载货电梯一部；暖气设备；用途：底层为银行大厅，四楼有住宅四所，其余为出租之写字间。①

由于年久失修，该楼尤其是三楼以上的外租房间损坏严重，"钢窗与部分墙壁渗水及卫生设备严重损坏"，电线橡皮也严重老化，有触电的危险。因此由市政府办公厅牵头负责，"按极节约的原则来进行整修"，由华东工业建筑设计院承办修缮。

该报告称，拟在拆除大厅内的营业柜台等物具后，改建为适于会议、宴会、舞会和机关内部文娱活动所用的场所。其实大厅又分前后两个营业厅，前厅是为外国人服务的主厅，面积2107平方米，另一个是为华人服务的后厅，面积仅470平方米，处在大厅西南角。以前汇丰银行的华人客户，都是从福州路侧门进入大楼，到后厅办理业务。

① 上海市档案馆编，《档案与史学》杂志，1998年第2期，第34页。

对于最为醒目的大厅穹顶壁画，拟根据领导指示，"铲除帝国主义涂饰的彩色图画加以油漆"。但面对如此精美的壁画，一些参与修缮的专家于心不忍，认为壁画是建筑的有机组成部分，不应破坏铲除，据说著名建筑师陈植就持此见。

事实上，既然要重新油漆涂盖，穹顶壁画从外观看不复存在，也就失去了象征意义和价值体现，铲除不是多此一举吗？我们现在看到的就是后来的结果，修缮的工人用丝麻石膏捣摆的方案，在壁画表面披上一层厚厚的嵌料，这样可使壁画墙面平整光洁便于油漆。这一保护方案天衣无缝，是否得到了上级的批准不得而知，但历史只承认结果。至今想来，还是要为当年参与此事的有识之士道一声感谢。

这样，穹顶的马赛克壁画被嵌料、油漆涂层严严实实地覆盖、封存了下来。大楼改建为上海市人民委员会办公大楼，大楼外立面的汇丰银行英文字样被铲掉，取而代之以"上海市人民委员会"名牌，原汇丰银行的行徽被国徽所取代。

从外滩12号进入汇丰银行门厅，穹顶上的马赛克壁画美轮美奂

　　汇丰银行资本最厚、实力最强，在外商银行中雄踞榜首。图为其
恢宏的营业大厅

经过一番脱胎换骨的整修，原汇丰银行大楼的功能和样貌得以焕然一新。外滩，尤其是汇丰银行大楼，再次在时代的大转型后成为上海的门面。

1956 年周而复创作的长篇小说《上海的早晨》里，就写到刚刚改造后的汇丰银行大楼："黄浦江蜿蜒而去，江上没有一只外国兵舰。曾控制中国经济命脉的英国汇丰银行，现在已是上海市人民委员会办公大楼了，只留下一对铜狮子在守着大门。大楼上的一面鲜艳的五星红旗，在湿润的海风中飘扬。"

同样幸运的是，银行门口的两只铜狮子，在"文革"初期被砸烂之前，也在有识之士的保护下转移到了上海滑稽剧团仓库，后保存于上海历史博物馆，现为该馆最为醒目的一对展品。浦发银行开业后，依据原物样貌和摆放位置，出资仿铸了这对铜狮子。

大陆商场兴建前后

南京东路353号大楼，原名大陆商场，解放后改称东海大楼，后来在大楼里面开设了南京东路新华书店，故被爱书人俗称为"南东大楼"。记得我在学生时代多次前往那里购书，当时还没有实行开架售书，我眯着眼睛，尽最大努力看清远远地搁在对面架子上的书名，然后递上从零用钱里省下来的书款，换回一本心仪已久的图书。这一幕，成为我记忆深处的温馨瞬间。

在近代上海，房地产行业时常狂飙猛进，银行也是背后的推手。他们通过开设信托部，由信托部另行筹措资金，运作于房地产市场。银行投资于房地产业，盈利丰厚自不必说，而且通过建设雄伟的大楼，树立起银行固若金汤的形象。但银行投资房地产也有大亏蚀本的情况，尤其是遇到天灾人祸等因素，如金融危机或战火硝烟，往往来势汹汹，难以抗拒，稍有应付不当，便招致全军覆没。

南京国民政府成立后，上海进入所谓的"黄金十年"，这一段时期，上海的经济开始加速起飞。南京路上的各大百货公司人潮汹涌，从海外进口来的一些洋货，常常被卖得脱销。银行储蓄不招自来，日涨夜大，只得千方百计寻找放贷的户头。市中心的租界地区，一派歌舞升平，外来移民或裹挟着大量的资金，或紧攒着用不完的力气，满怀淘金上海的诱人梦想，从四面八方涌入上海，上海的房地产业顿时满地疯长，形成投机市场。甚至只要付出定洋，隔一夜即可获利。因此，那些水泥尚未干透的房子，都被人订购一空。大家你争我夺，一派火热。

对于许多银行争相投资房地产、股票的行为，上海商业储蓄银行总经理陈光甫还能保持一份难能可贵的冷静。在陈光甫的稳健经营下，整个20世纪30年代，上海商业储蓄银行投入到房地产和有价证券的资金比例在银行业里始终是最低的，其中投资房地产的金额，一般仅占存款的3%左右。

但并非所有的银行家都能克制自己的冲动，诱惑总是倾倒众生。话说"北四行"之一的大陆银行，眼见得上海的房地产市场节节攀升，也急于抢占一席之地。总经理谈荔孙早年留学日本东京高等商业学校，攻读银行经济专业，与吴鼎昌、钱新之等人同学。谈回国后，曾担任中国银行北京分行经理，1919年他得到北洋直系出身的大总统冯国璋的支持，创办大陆银行，任董事长兼总经理。20年代末，大陆银行的储蓄存款和信托存款已高达1000多万元之巨，急于寻找出路。

谈荔孙看中了市中心南京路的一块地皮，位置极好，而且方正，东临山东路、西近山西路、南出九江路、北沿南京路，约有九亩多地的样子。他蓄谋已久的打算，是想在南京路上建造一幢体面的百货大楼，以供应国货

犹太富商哈同

为主，与赫赫有名的四大百货公司一较高低。而且为了加持银行的信誉，大楼取名"大陆商场"。

据大陆银行匡算，在这块地盘上全部翻造费约需白银45万两以上，除去可以收回的小费（即后来所称之顶费）20万两，仅需垫上25万两白银即可。每年房租收入在30万两左右，除去地租等各项开支，约有5至6万两的净利，按垫本25万两计算，年获利可达2分以上，这尚且不包括将来加租的利润在内。

他左思右想，感到这笔投资值得一做。银行董事会也一致同意，并全权授权谈荔孙负责进行。

唯一让谈荔孙伤脑筋的是，这块地皮的业主不是别人，而是上海滩赫赫有名的地皮大亨、犹太富翁哈同。当时的一首歌谣唱道："哈同，哈同，与众不同。看守门户，省吃俭用；攒钱铺路，造福大众。筑路，筑路，财源亨通。"南京路上的这块地皮，哈同早年购下时，仅花了14万多两白银。但上海滩家喻户晓，要从哈同口里挖出一块肉来，等于虎口拔牙。

双方经过一番讨价还价，达成协议，主要内容为：

此块地皮租期 32 年，租金每年 20 万两白银，分四季支付；租金不得因为他人他事之压迫而有所变更；租约期满后，地上建筑物及附着物全部无偿归还哈同所有；承租人应使用最好之材料建筑新屋，总建筑费用不得少于45 万两白银，其建筑蓝图须经哈同签字认可；该处动拆迁由哈同负责完成。

谈荔孙虽然感到条件苛刻，但还是勉强在协议上签了字。

大陆银行委托著名建筑师庄俊设计新大楼，最高处为八层，简约的 Art Deco 装饰风格，显得端庄挺拔、冰清玉洁，又富有韵律和节奏感。这种来自美国摩天大楼的建筑风格，当年颇为风行，国际饭店即是其中的佼佼者。大陆商场由于地形限制，沿九江路、山东路路幅较窄，故五、六、七层呈台阶式逐层向内收进。大楼一边建设，一边就开始招商，前来洽谈承租的客户很是踊跃。

正当大陆银行憧憬着"绿树长春，前途无量"时，1932 年淞沪抗战爆发，刚刚结构封顶的大楼，不得不停顿下来，有一段时间被当作"伤兵医院""难民中心"使用。次年，大陆商场大楼终告落成。

本来，一、二、三层为商铺，四层以上为写字间。但淞沪抗战后，又接二连三赶上公债风潮、白银危机，南京路上人流锐减，一时地产价格大跌，房屋租金也跟着下跌，店铺招租困难，何况是租金昂贵的新建大楼。虽然积极招商，想方设法对外出租，三楼还开设过"量才流通图书馆"，但房租收入有限，总是不及哈同的地租和工部局的地捐。

商铺招租不甚理想，前来洽商租用写字间的人倒不少，谈荔孙临时改变大楼格局，将三层也改作写字间，整幢大楼计共有商铺105间，写字间251间。这些写字间后来陆续出租给地产公司、贸易商行、营造厂、开业医师、律师、建筑师事务所等，甚至还用以学校、银行职员宿舍、食堂、精武体育会健身房等等，学生、职员、顾客混流，人员庞杂，如同一座熙熙攘攘的大公寓。

对一家商场来说，经营成功与否，既看大环境，也看小环境，经营理念、营销手段都是制胜的法宝。南京路上的四大百货公司多是家族经营，完全可以按照预案，分门别类，经营布局，每一层布置得井井有条，如底层供应化妆品、床上用品和文化用品等；二楼多为服装部，敞开式陈列，任顾客随意挑选选购，多了一层亲切感；三楼专卖珠宝首饰，环境高雅清静，亦较安全；四楼则售成套家具和大件笨重商品，顾客可乘电梯上下，东西买好，由公司负责送往家中。楼顶尚有屋顶花园等游乐设施。

而且南京路上四大百货公司的经营者，原先都是澳洲华侨，与国外贸易商、厂商联系广泛，可以根据流行时尚进口环球百货，因此进口货占了很大比重，如英国的呢绒、法国的化妆品、瑞士的钟表、德国的电器用品，只要你说得出的商品，几乎应有尽有，特色鲜明。像打蛋器、木勺、刷子这样的小货品，一般商店难以保证质量，永安公司就专门派人去国外定制，深受上海富裕家庭的欢迎。一些大百货公司，也有针对性地选择国货企业品牌入驻，甚至开发供销自己的品牌，如永安公司就针对上海寒冬特点，委托厂家专为妇女定制随身用的热水袋，风靡一时。

因为大陆银行本身不经营商场，只是对整幢大楼分割出租、招商经营，一间间中小商铺分布其中。有一段时间，二楼全部出租给了中国国货公司经营，适逢九一八事变爆发，商场专门开设了"九一八商场"，供应衣料、棉织品、衫袜、童装、化妆品、皮革、西药、五金、电器等国货商品，力图以中国人爱用国货为口号，与南京路上的四大百货公司分庭抗礼，倒也吸引了不少人流，热闹了一段时间。但总体来说，大楼内部格局狭小，功能混杂，所售商品虽然琳琅满目，但货色定位中档，吸引不了专程到南京路来购物的市民。一般市民买不起，富裕阶层不愿来，加上租金仍较高昂，厂家、商家于是望而却步，经营情况一直不佳。

　　作为办公空间，由于与商场同处一楼内，也不够体面。虽然位居南京路的优越地段，考虑到交通等问题，并不一定适合客户，尤其是大公司客户，因此入驻的多是中小企业，多的时候房间租出八九成，少的时候只有五六成，也只能不冷不热地维持着。

　　到1937年底，大陆银行为建筑商场及其他耗用资金共达 370 余万元，还不算地租、地捐及管理费用，而收入仅 100 多万元。于是多次与哈同交涉，要求减租或暂欠或延长。大陆方面认为，新大楼亏本累累，实有无法预计和不可抗拒之因素，如淞沪抗战、金融危机等重大事由，应据此相应减少租金或延期交纳，并承诺，将来形势好转、市面恢复后，可以适当上调租金作为补偿，以示公允。

同样是与哈同谈判，从起初的意气风发、志在必得，到这时候的无可奈何、委曲求全，大陆银行经历了巨大的落差，当事者内心的煎熬可想而知。而哈同得了便宜还卖乖，只是拿合同说事，丝毫不予通融。也不知是否与投机失败有关，谈荔孙变得性情抑郁，不久因病逝世。

长痛不如短痛，大陆银行最后以 77 万元的低廉价格，将大陆商场大楼售与哈同洋行，另付对方谈判代表一笔不小的佣金，一并解除租地契约。虽然扔掉了这个烫手山芋，但损失极为惨重。对哈同洋行来说，提前 24 年收回地皮，当然捡了一个大便宜，暗中窃喜。

"出师未捷身先死，长使英雄泪满襟"，虽然谈荔孙已死，但银行方面就投资资金损失进行了责任追究，拟定了弥补办法。由负责此事的储信部筹措款项，包括个人出资和出售以前投资盈利的部分房产，加上银行各分支行的调拨，共计 30 万元，全部存入交通银行，以长期储蓄的办法获取利息，所得全部作为大陆商场损失的补偿。经计算，25 年后，利上加利，或许可以赚回损失。

在社会转型、政局动荡不定之际，银行的扩张投资并不总是一帆风顺，往往暗伏着杀机，充满着风险，能不慎乎？大陆银行一次巨大的投资失误，不仅由决策者负责担当，也由相关责任者共同买单，可资借鉴乎？

近代上海金融界的信用调查

20世纪20年代，上海信用调查机构有五家，全是外国人办的，其中日本人三家，即上海兴信所、帝国兴信所、东京兴信所；美国人两家，即商务征信所、中国商务信托总局。华商信用调查机构却无一家。

信用调查机构，即征信所的职能，究竟是什么，后来担任中国征信所董事长的章乃器，有过一番通俗的解释：

　　征信所是一个信用调查机关。比方，甲商人要向乙银行通融一点款项，乙银行在允许通融之前，必然要知道甲商人是怎样的一个人。他的财产有若干？他的事业发达吗？他的费用太大吗？他的过去的历史怎样？他的品性怎样？他一向对于欠款的偿还，准确而不失约吗？他的家庭状况怎样？他所交的是哪一类的人？……乙银行要等到这种种的问题得了满意的解答之后，再斟酌情形给甲商人一个相当限度的通融。经过这种手续的放贷，自然就很稳妥。征信所的职务，就是代乙银行解答这种种的问题。①

可是，当时许多人不知信用调查为何物，不要说一般大众，就是在金融界，许多人也感到多此一举，故而华商信用调查机构迟迟未能成立。

从档案资料看，各大银行迫于业务需要，也开展信用调查，在各自银行内部成立信用调查机构，如陈光甫

① 章立凡，《中国征信所及其开创者章乃器》，载《百年潮》2002年第11期。

聘资耀华为上海商业储蓄银行调查部主任，专门负责客户的信用调查。但这些机构规模小，效率低，且各家银行各自为战，信息不能共享。

1931年，天津发生了一场金融风潮。当时天津有一家协和贸易公司，从事进出口贸易，从美国进口汽车零部件，从澳洲进口面粉，而从国内出口花生、皮毛等农副产品。公司总经理奚东曙，是当过北洋政府国务总理的段祺瑞的女婿，因而在天津商界路路通，很兜得转，各大银行、公司均趋之若鹜，争相与其开户往来。

但这奚大公子，乃是一名纨绔子弟，喜欢摆排场、装门面，时间一长，公司因经营不善开始走下坡路，最后竟宣布破产。但在此过程中，各家银行、钱庄并不了解公司内情，也不作信用调查，仅根据其表象，还有他们精心伪饰的栈单，就大量放款，结果是有去无回，如中南银行天津分行一家，在该公司倒闭前一天，还放款40万，加上以前放出的180万，共计损失220余万元。

协和公司倒闭后，与之有关的银行、钱庄均受惨重损失，天津金融市场岌岌可危。

中國徵信所
股份
有限公司營業章程

所址　上海香港路四號電話　一八四七四號
　　　　　　　　　　　　一四四一號

電報掛號國外無線 "CREDITMEN SHANGHAI"
　　　　國內無線及有線九六六六

1932年6月中国征信所在上海成立。图为中国征信所营业章程

消息传到上海，各大银行受到极大震动。上海银行家一致认为，必须马上成立一家独立的征信机构，以帮助金融业同行了解金融市场的变化及债务人的信用。各家银行的信用调查，因为单打独斗的缘故，很难形成有效信息网，而且各家银行自行调查，必然花费大量的人力物力，也容易被放款对象钻空子。

经过张嘉璈、陈光甫、李铭等人的几度磋商，上海银行界首先发起成立了一个研究信用问题的学术团体——中国兴信所。中国兴信所的目的，在于研究信用调查的方法，促进信用调查的技术，交换信用调查的资料，在时机成熟后，着手成立征信机构。

很快，1932 年 6 月 6 日，中国第一家独立的信用调查机构——中国征信所在上海成立。

中国征信所的主要业务是信用调查，包括工商企业、个人的身家、事业、财产和信誉情况等，并将所得资料加以整理，制成报告或出版物，提供各工商企业或委托人参考。

其次是市场状况调查，对包括金融市场、商品行情、交易状况等进行分类调查统计，出版《每日商情报告》，并在调查的基础上编制出版各类工商、金融行名录、人名录等资料。

中国征信所成立后不久，就向各客户提供了邵万生商号的经营情况报告书。该店是知名老字号，向来声誉卓著，但有一段时间因经营不善，出现亏空隐患，却在上海商业储蓄银行等数家行庄仍有透支，征信所在调查中了解到此一情况后，及时通报会员银行。各行庄因此采取了适当的防范措施，减少了损失，自此部分行庄认识到了征信所的重要性，一改以往的消极态度。

中国征信所采取会员制，原先发起创办中国兴信所的中国银行、中央银行、交通银行和上海银行等，这时转为中国征信所的基本会员。其他陆续加入的银行、钱庄，则成为普通会员，按期缴纳会费。

会员的回报是可以阅读征信所的参考资料，如果有需要，则可委托征信所进行有针对性的调查，当然另需交纳费用。非会员也可委托调查，但费用高出会员许多，会员的调查费用，一般每次仅1元，非会员则在10元左右，英文报告再加 4 元。

中国征信所成立后，由章乃器担任董事长，祝仰晨担任经理，下设调查部、文牍部、事务部、行名录部，每部设主任一人。征信所后来的业务大部分就是客户的信用情况调查，当时懂业务、会调查的人员不多，因此先从外商征信所"挖角"，高薪聘用其中国职员来所工作。

征信所对调查人员的要求很高，堪称百里挑一。应聘者必须具备"商业经验、流利口才、诚挚态度、机变能力、耐苦精神、商事常识"等六项条件，缺一不可，凡染有赌博、懒惰等不良习气的人，一概不用。招聘调查人员，也按此六项条件衡量，考试合格者，往往在百分之一左右，可见对调查员的考核相当严格。

征信所人员最多时达七八十人，但专职调查员仅十余人，每人负责数个行业甚至数十个行业的调查方向，但面对如此大的调查范围和业务量，人员根本不敷使用，因此征信所还聘请了大量的特约调查员。许多专跑经济的记者也成了征信所的兼职调查员。一些行业内的资深人士也受聘担任咨询工作，他们往往是业界内的代表人物，对整个行业情况了如指掌，如棉布业的叶笑山、花纱业的穆藕初、绸缎业的蔡声白、化学业的方液仙等。

征信所每天收到的委托调查有二三十件，一年内交出的调查报告，约有八九百份，从1932年6月创办到1936年7月，共发出调查报告3万份。

按规范，调查工作须按照调查、复查、审查三步程序进行。对调查对象，不管是否熟悉，也不论好恶，一切从头做去，对事不对人。为保证质量，调查的人，不知复查的人是谁；复查的人，也不知调查的人是谁，只凭征信要求，客观公正，尽力而为。一般信用调查，七天交稿，特急的三天交稿，放款额小的，也是三天交稿，效率极高。

初稿交出后，先复查，再由核查人员严加审查，经过这三重手续，一份信用调查报告才算出炉。

中国征信所的个人信用调查报告，内容包括个人简况、家庭状况及社会关系、收入及开支状况、个人信誉等，要言不烦，却客观准确，对银行方面的放款很有参考价值，如我读到的一份对王际昌其人的信用调查，可见一斑：

> 品性：富有才干，行迹不俭；生活状况：衣履奢华，食性优裕，出入以自备之包车代步，交际广泛，微闻有不良习惯；每年开支：浪费无度，虽进益不菲，仍有入不敷出之虞；现有财产：不治生产，金钱到手辄尽，目下已进入破产状态。据接近王君者云，王君进益虽丰，而开支亦巨，目前恐无甚资产。①

尽管此人是美国留学生，还是中央研究院的研究员，但银行方面接到这样一份信用评估书，恐怕也不会向他放款吧。

也有相反的事例，口碑不佳者，经过征信所一番明查暗访，证实情况并不尽然，等于为其"平反"，银行放

---

① 上海商业储蓄银行档案，上海市档案馆藏，档号 Q275-1-2082。

款有了依据，双方皆大欢喜。如美国人史带在上海开设有数家保险公司，但被上海人认作外国骗子。1934年中国征信所对其进行详尽的信用调查后，得出的结论却是：史带代理着二十多家保险公司，分支机构遍布海内外，实力雄厚，规模庞大，"历年营业鼎盛，信用素著"，其人"饶有资产，信誉殊佳"，这份报告一改人们对他的恶劣印象，也为他带来了源源不断的保险业务。

由于征信业务的开展对各行庄切实有益，开办半年后，征信所已有基本会员29家，普通会员67家。后来随着业务范围的扩大，沪上中外银行、钱庄陆续加入，截至1935年底，中国征信所已有会员154家，其中包括三十余家外国银行及洋行，如汇丰银行、花旗银行、卜内门洋行等，均属会员。在中国征信所的挤压下，几家外商征信所的业务下降了三成。

中国征信所的业务一直维持到上海解放后才宣告结束。其历年积存的上千卷行业、公司或个人调查报告书，现在全部保存在上海市档案馆。

上海银行舞弊案的应对

多年前因为一个口述历史项目，采访过几位银行职员。当时他们年纪最轻的 76 岁，最大的 93 岁，都是著名的上海商业储蓄银行（简称上海银行）的员工。其中 93 岁的郎念祖先生，还是上海银行沪办的秘书室主任，与总经理陈光甫有过直接接触。陈光甫曾叫他去处理一桩舞弊案。

据郎老先生回忆："有一个姓陈的银行职员，贪污挪用了 30 多万元。被人发觉后逃掉了，据说去了东北，银行悬赏 5 万元抓他，但一直没有抓到。解放后此人我还见过，大概不了了之了。陈光甫最恨，也最怕这样的人，所以对吃喝嫖赌管得最紧，不允许银行职员到娱乐场所去。"[1]

一家经营如此成功的银行，居然有舞弊大案，这让人始料未及。后来查阅了一些银行档案资料，发现在旧中国腐败的政治和社会环境中，上海各银行的舞弊案不仅层出不穷，而且触目惊心，只是各家银行考虑到自身名誉，不愿声张，故而鲜为人知。

以上海银行为例，从1920年至1934年，该行计有76人案发，舞弊金额达88万余元。舞弊的主要手段，有银行会计和出纳员舞弊、银行职员携款潜逃、银行职员内外勾结舞弊、直接从现金下手等手段。郎念祖先生所说的陈姓职员舞弊案，在档案里也有比较详细的记载。

该职员名陈民德，为上海银行界路分行票据稽核员，他先在界路分行开立一个活期存户，然后开出巨额支票，交其他银行开户代收，从中贪污巨款17万元（郎老回忆

---

[1] 由郎念祖口述，邢建榕记录。参阅复旦大学中国金融史研究中心编，《近代上海金融组织研究》，复旦大学出版社，2007年，第260页。

上海商业储蓄银行早年借用石库门房子营业。图为总经理陈光甫在办公室

数额因年代久远，与档案记载有出入）。

那么 17 万元相当于现今的多少钱呢？上海广发银行纪委书记、金融史专家刘平博士对金融舞弊案研究甚详，据他告知，"如果按照粗略的购买力计算，当时的 1 元相当于今天的 100 元，那么这笔款项至少也相当于今天的1700 万元！"

事情败露后，陈逃之夭夭。差不多同时，上海银行信阳寄庄办事员程世彰也携款两万五千多元潜逃。因两人事发都在 1934 年 4 月，银行方面统称为"程世彰、陈民德携款潜逃案"。

银行舞弊案中，携款潜逃案造成的社会负面影响最大，因银行职员一旦潜逃，不但资金无法及时截住，且经银行本身的登报悬赏、法院的通缉和新闻界的渲染炒作，致使事件发酵，这对银行信誉打击最为严重，是银行方面最不愿意看见的结果。银行发生舞弊案后，一般多对外采取隐瞒手段。

但陈光甫却在案发后立即命人向警方报案，并通过新闻媒体发布悬赏缉拿嫌犯的启事，公开悬洋 2000 元缉拿程世彰，悬洋 5000 元缉拿陈民德。

在陈光甫的严厉督促下，银行内部全力弥补管理漏洞，采取的措施大体有四：严肃处理舞弊人员，以儆效尤；及时采取整改措施，堵塞漏洞；加强人事监督，防患于未萌；启动索赔机制，最大限度地减少损失。

银行员工舞弊案的发生，除却主观因素，往往由于投机失败，或入不敷出，受环境之逼迫，不得已而出此下策。陈光甫因此发布通告，告诫所有员工，舞弊者"其动机应可早见，故同人平日之行为及生活，亟须加以注意。如有豪华习惯，投机嫌疑，及其支出时常超过其收入者，则一方面亟应善言规劝，一方面更当冷眼观察。情节重大者，随时报告主管人员核办，务求防患于未萌，除恶于未然"①。

据笔者采访的几位"老银行"回忆，舞弊案发生后，上海银行设立了检查员室，直接归陈光甫领导，检查员下来检查时不打招呼，到后先盘点现钞库存，再查账，

---

① 《人字通告第五号》，上海市档案馆藏，档号 Q65-2-60。

特别检查有无违反制度。

舞弊案一旦发生，如何将经济损失减少到最低限度，是银行方面最先考虑的问题。上海银行通过截阻资金、要求保人赔偿和向保险公司索赔的方式，在很大程度上挽回了银行的经济损失。

银行对一般员工的学历要求不很高，初中、高中都可以，但一要考试，二要保人，三要保金。保金一般300元，在当时决不是小数目。新员工到岗后，这300元就变成了一纸存单，如发生舞弊情事，这份保金首先会被扣除。

除保金外，进入银行工作尚须有殷实保人作担保，一旦发生诸如舞弊或亏欠公款情事，除依法惩办外，所有损失由当事人如数偿还；如无法偿还，则须由家人或保人赔出。保人如因病逝、变故等原因无法继续担保的，银行会责成雇员另外寻觅合适的保人。

从《上海银行舞弊案研究》《上海银行舞弊职员名录》等档案内容看，银行发生舞弊案后，损失"大部分由保人及保险公司赔出"。如1930年10月上海银行汉口分行的一名堆栈员工，"伪造栈单，假造支票，舞弊八千元"，案发后"款由保人赔出，本人开除"。

1932年4月，上海银行收解部某出纳员采取旅行支票一票两付的方法舞弊。该员"系上海民立中学毕业，平常办事勤恳，忽于某一时期精神不振，形迹有异，主管员调查其行为，知有冶游情事，乃急检查其账目，发现有旅行支票一票两付，计舞弊550元，由保人如数赔出，该员开除"[①]。1933年天津分理处出纳、会计为嫖赌贪污挪用公款，结果一人由其父"尽数赔出"，另一人因无力赔偿，被判五年有期徒刑。

程世彰、陈民德携款潜逃后，虽通过多种努力查缉，但无下落。在犯案人查找不到的情况下，上海银行上诉法院，要求程世彰的保人李养和赔偿银行损失。经法院判决，保人李养和须赔偿银行损失，因李家道中落，拿不出这笔赔款，法院又查封了李养和的一套住宅。陈民德舞弊案，上海银行截得陈民德名下财产4万余元，并

---

① 《本行行员舞弊案》，上海市档案馆藏，档号 Q65-2-60。

向其保人苏州某绸缎庄经理何颖生索赔，其余损失经与保险公司交涉赔出。

1930年后，陈光甫联络其他金融界人士，发起成立了中国第一信用保险股份有限公司，主要营业即为信用保险，"专为银行、公司、商店、学校、医院、工厂等之职员事务员保证，设遇舞弊情事发生，即由该公司负赔偿之责"①。因此银行损失的部分资金，是保险公司理赔给付的。

为了从根本上禁绝舞弊事件，陈光甫一直提倡"行即是我，我即是行"，允许职员购买银行股票，并为员工提供优厚的福利待遇，初入行的小职员，待遇在三四十元左右，足够养活一家四五口人。

虹口同济路同济里，这一片以前都是上海银行的宿舍。一位姓吉的"老银行"住的是一幢三层楼的里弄房子，居住面积约九十余平方米。他感慨地说："我父亲进入上海银行后，就住在这里（除抗战八年外），我从小起

---

① 《中国征信所调查报告》，上海市档案馆藏，档号Q320-1-927。

271

到现在一直住在这里，转眼已经 70 多年了。"[1] 他后来顶替父亲进入上海银行工作，一直到退休。郎念祖住的也是银行的房子。

银行宿舍的条件很不错，司诺克、乒乓、棋牌活动和图书室一应俱全，唯独不准搓麻将。由于小区管理有方，配套设施到位，员工素质普遍较高，银行小区称得上现代高档小区的滥觞。其他福利方面，员工有免费午餐、医务室、理发室等可供享用，每天上下班都有班车接送，生活安置周到便利，形成了一个独有的福利社会，银行工作被人视为"金饭碗"，相应的福利是必不可少的。

老员工回忆说："上海的花花世界本来就容易让人堕落，再放任年轻人到舞厅里玩，早晚要出事，陈光甫把宿舍都安排在老远的地方，也是这个道理，不让人接触坏的诱惑，他宁可每天派车接人上下班。如果这方面有了苗头，哪怕很小的苗头，就是中高级职员，一样

---

① 2005年5月吉嘉禄口述，邢建榕记录。上海市档案馆编，《上海档案史料研究（第二辑）》，上海三联书店，2007年，第 209 页。

处理。"①

　　银行的用意是"使行员生活安定，无后顾之忧，不致见异思迁，舞弊犯法"，员工不因生活拮据而铤而走险，并尽可能提高精神素养，也便于集中管理和相互监督，以此作为减少舞弊案发生的重要的积极因素。安居乐业，不过如此。

<hr />

① 2005年5月吉嘉禄口述，邢建榕记录。上海市档案馆编，《上海档案史料研究（第二辑）》，上海三联书店，2007年，第209页。

申新七厂拍卖风波

20世纪30年代初，长江及其支流大水成灾，赤地千里，民生凋敝，又受到世界经济危机的影响，我国工商业一片萧条，棉纺业同样在劫难逃。

荣氏兄弟（荣宗敬、荣德生）有"面粉大王"和"棉纱大王"之称，当年他们拥有的茂新、福新面粉厂的规模和产量约占全国各省面粉工业的三分之一，占上海全市的二分之一；而申新纱厂系统，从申新一厂到申新九厂，其纱锭数和布机数在全国民族资本棉纺厂中约占四分之一。两大系统互为照应，茂新、福新的面粉袋就由申新纱厂生产。当时有人戏称，一半中国人吃的是荣家，穿的也是荣家。

但就是这么一家实力雄厚的中国民族企业，在风暴袭来之后也只能随波逐流。荣氏上海各厂全面减工，并一度全面停工，亏损连年增加，荣家企业放出去的客账几乎都收不回来。

1933 年 10 月 20 日，不得已的荣宗敬以申新七厂作抵押，向英商汇丰银行借款 200 万元，订明利息年利百分之八，自即日起算，于 1934 年到期偿还本息。双方约定，如有纠纷发生，应按大英帝国法律解决。

申新七厂另外还向中国银行、上海商业储蓄银行和其他钱庄洽借部分款项，这两家华商银行也成了债主。

上海的民族工业早先大多立足于苏州河沿岸，20 世纪二三十年代后开到了黄浦江边上。申新系统也不例外，前面一大半在苏州河畔，后面几家转到了杨树浦，紧邻黄浦江。据杨浦区文管办沈雄峰主任相告，申新七厂位于杨树浦路 36 号，前通马路，后临黄浦江，其前身是英商东方纱厂，因经营不善由荣氏兄弟购并，改称申新七厂。上海解放后一度改为国棉二十厂。我为写此文，曾实地前往踏勘，发现此地现在是一处繁忙的工地，不见36号踪影，左右察看，左侧只见100号门牌，施工车辆开进开出，右侧为国际航运服务中心，18号，也在施工。厂房何时拆除，不详。看样子申新七厂早已变成了几张模糊的老照片。

再说申新七厂被抵押后，转眼间到了期限，庞大的荣家企业却因资金周转不灵，一时无力偿还。

荣宗敬遂与汇丰银行多次洽商，要求通融一下，并愿先付全部息金及部分押款本金。但汇丰银行认为，经济形势动荡不定，恢复需要一段时间，加上有日本企业愿意出价收购，遂决定将其作抵拍卖，由英商鲁意斯摩洋行承拍。据估价，申新七厂实际价值约500万元，汇丰的起拍价是225万元。拍卖时间定于1935年3月26日下午3时半。

汇丰银行之所以执意拍卖申新七厂，与一家日本企业亟愿接手有关。原来，毗邻申新七厂的日商大连汽船会社，经营上海与大连间的客运。这里每天有很多乘客在此上下客，客流量很大，日商为了扩大经营，感到码头占地狭窄，需要扩展地方。

正苦于没有办法，得知申新七厂无力还款被迫拍卖，大连汽船会社不由喜出望外，暗地里与汇丰银行打了招呼，表示会积极竞拍，希望能够将厂子买到手。但他们知道，若让外间知道一家华商纱厂在被夷为平地后，却被改造成日本人经营的码头，肯定会掀起一场轩然大波，于是，他们委托一家日商纱厂出面，竞拍申新七厂的产业，并同意暂时维持开工，待时机成熟后再行转让也不迟。

眼看工厂不保，况且价值相差巨大，荣氏兄弟四处奔走，并通过社会舆论的爆料，力图挽回申新七厂的命运。

荣宗敬写信给中行总经理张嘉璈、上海银行总经理陈光甫，叙说苦衷，希望他们出面与汇丰交涉，取消拍卖，但这两家银行表示爱莫能助。荣宗敬又去拜访上海市市长吴铁城，请求政府出面救济。吴铁城遂委托市政府秘书长俞鸿钧前去拜访汇丰银行大班赫区门，希望银行能予以通融，暂缓拍卖程序，但也遭到汇丰银行的无情拒绝。

上海市政府也设想过由政府收购工厂，如此工厂则应变成国有，由政府控股经营，但又遭到荣氏兄弟的反对。政府派人进厂与银行接管一样，这厂还是他们荣家的吗？

荣氏兄弟见银行、政府都"见死不救"，只有自救方为上策。

受荣氏企业委托，律师过守一连日在《申报》上发表紧急通告，对汇丰银行委托鲁意斯摩洋行拍卖厂子，表示"绝对不能承认"，认为汇丰银行蓄意落井下石，意在搞垮荣氏企业。荣氏兄弟通过法院的关系，请求裁定该厂产权因牵涉其他债主，由法院实施假扣押。

可是汇丰的态度异常顽固，不但对于社会舆论不予理睬，甚至对于中国法院的制止也悍然不顾，仍命鲁意斯摩洋行如期拍卖。因为当初签订借款合同书时双方约定，如有纠纷一概按大英帝国法律办理。

1935 年 3 月 26 日，鲁意斯摩洋行在北京路该行拍卖大厅将申新七厂强行拍卖。拍卖公司的英籍拍卖师劳特首先登台，高声宣读申新抵押与汇丰的契约，报告该厂全部生财产业及拍卖规则，费去半个多小时。

随即开拍，先叫出最低价 225 万元，人群中有人高声应拍，愿以 225 万元承购该厂。

劳特又大声报价数次，问有谁愿再出价竞买，却再没有人举牌。

"咚！"在一片混乱中，劳特一槌定音："成交！"

事后经查明，竞拍者就是那家日商航运企业派来的代表。

似乎尘埃落定，无法转圜，看到这一结果的荣氏兄弟不由得心灰意冷，一时闭门不出。

只有社会舆论声援最力，各家报纸连篇累牍，一面倒，纷纷谴责汇丰银行手段毒辣，摧残民族工业。厂子里的工人更是因切身利益所系，组织起来到市政府游行请愿，一路高喊口号："覆巢之下，安有完卵？一息尚存，誓死反对！"引得路人驻足观望，议论纷纷，甚至有人也加入到游行队伍里。

舆论喧嚣到一定程度，使事情霍地有了转机。至于这转机的由来，固然与舆论的影响有关，更与荣氏兄弟暗地里组织的"武力"抵制有莫大关系，即是谈不上组织，至少也是心中窃喜吧。

原来，申新七厂虽已被拍卖，却始终无人敢来接受。厂子里的工人组织起纠察队保厂护厂。他们将一些重要的机器设备拆卸下来，藏了起来。还配备了消防水龙，规定行动暗号，一旦有日本人前来接受企业，车间里就会齐亮红灯，用水龙冲击来犯者。凡来打探、窥视的可疑人员，一概挡之门外。从门外张望，只见厂里工人群情汹涌，个个捏着钢棒木棍之类，一副鱼死网破的样子，谁敢贸然进厂？

如此状况，使得操控着东方华尔街的汇丰银行，不得不三思而后行。无奈之下，汇丰银行坐下来与荣宗敬另拟协定，将抵押借款200万元延至1940年底偿付，其中12万元利息则于1937年交付。

上海沦陷后，日本人干脆撕下伪装，"军管"申新七厂，并划拨给了日商纱厂公大一厂。汇丰银行也自身难保，汇丰大楼被日本人接管，易名为"兴亚大楼"。无论是汇丰银行的大班，还是荣氏兄弟，都已经成为刀俎之下的鱼肉，任人宰割了。心力交瘁的荣宗敬虽已远避香港，终于一病不起，含恨而逝。

"你能担保吗？"

19世纪初，西方保险的理念和实践开始进入中国。"睁眼看世界第一人"魏源在其名著《海国图志》中就介绍了英国近代保险，他把保险译为"担保"，火灾保险译为"宅担保"，海上运输保险译为"船担保"，人寿保险译为"命担保"，倒也生动达意。

魏源视野开阔，思想先进，热衷介绍包括保险在内的西方物质文明。不过真要付诸实践，让保险为华商和民众所接受，则非易事。这很好理解，保险业务好是好，但需要付出一笔额外的负担，且往往十投九空，加上本身纷繁复杂，玄机重重，投保人对此懵懵懂懂，会觉得难以把控，乃至得不偿失，故而能省则省。

与银行业一样，保险业务进入上海，一是外国人开其端，英美保险公司开埠后即行活跃，与贸易活动如影相随。目前所知中国第一家民族保险企业是1865年5月25日开办的上海义和公司保险行，但其经营活动没有史料记载。

二是保险业利润丰厚，从业者收入不菲，一些华人在为外商保险公司或洋行做保险买办过程中，既积累了雄厚资金，又学到了保险业务知识，为后来开办民族保险企业奠定基础。

三是参保国人中，先行一步的是广州、上海等地的华商，他们在19世纪50年代后的对外贸易中，为避免损失开始购买保险。在与外国人谈生意时，华商经常要问的一个问题是："你能担保吗？"这一点令外人也颇感惊奇。

除一些商人外，普通民众实际投保者并不多，即使有人鼓吹，影响逐渐扩大，"宅担保""命担保"还是远不如"船担保"发达。做船担保的多是外商航运公司。实际上，民众接受保险知识的途径极其有限，主要靠的是保险经纪人一张嘴，不择手段竞揽业务，可想而知的不靠谱。

但到清末民初，随着保险业的逐渐发展，普通民众对其利益逐渐了然。当年报纸上时常刊登报道，说有厂房和民宅失火，造成巨大人身财产损失，但因为有了保险公司的赔付，得以挽回大部分损失。这些发生在身边的案例，倒成了接受保险知识的活生生教材。当年流行的洋场竹枝词，也有保险方面的内容，"各户捐资同保险，欲无捐失事先防"，对保险作用多作肯定之语。

1920年，上海北苏州路大火，沿苏州河豫康公记等几家堆栈大量货物被毁，损失超过1000万两以上。好在这些堆栈多有银行租用，货物大都在外商保险公司保了险，其中美商保险公会就达200万两，英商保险公司约500万两，其他中外保险公司约300万两。由于美商保险公司尚未站稳脚跟，赚到的保费几乎可以忽略不计，资金实力也远不及英商，因此这场大火来得极不是时候，美商保险公会"因受创过巨，几欲退出中国之保险市场"。

这里就不得不说美国人史带与他的美商美亚保险公司的故事。这个被上海人戏称为"歪嘴史带"的美国人，被认为是典型的外国冒险家，在上海淘到了他的第一桶金。这桶金就与这场大火有关。

苏州河沿岸堆栈失火那年，他恰好成立了一家美亚保险公司，代理各大保险公司业务。豫康公记便是他的客户。大火烧毁了大量蚕茧等物，因此美亚的保费还没有赚到，倒要先赔出一大笔，处境艰难之极。其他美商公司倒闭者甚多。

按照常规，保险公司在遭灾后，一般总是能拖则拖，能赖则赖。对保户来说，过程漫长，获赔不易，何况还是美亚这样的新开张公司，因此谣传纷起，以为该公司不是倒闭便是开溜。史带却在深思熟虑之后，以此为契机，不惜举债处理赔款事宜，并且在公估行未计算出应赔数目以前，同意投保户可先支取一部分赔款。

在上海商业储蓄银行的一份信用调查中，调查人

A.A.U. 30TH ANNIVERSARY
DECEMBER 19, 1949
SHANGHAI, CHINA
影攝念紀週卅司公險保亞美

　　1949年12月19日，美亚保险公司成立30周年职员合影留念。背
景是不远处的沙逊大厦和中国银行

员发现，"被灾户深为满意，从此获得社会人士的信任。更因它所代理公司多，承受保额大，业务日有起色"。因此，连向来谨慎的该行总经理陈光甫，也让银行大量购进该公司债券。由此可见，史带后来成为"远东保险王"并非偶然，著名的友邦人寿保险也是他在上海期间创办的。1924年外滩17号字林西报大楼竣工后，美亚保险、友邦保险和友邦银行都长期借用该楼营业。

反面的例子也有，因为未投保，在发生火灾后，受损企业便一蹶不振。

位于杨浦滨江地区，由李鸿章开办的上海机器织布局，是中国第一家机器棉纺织工厂。起初，该企业在外商保险公司投保了火险，但数年过去，一直平安无事，总办杨宗濂便认为这笔开销多此一举，"虚糜资金"，于是停付了保险费。不幸的是，1893年10月机器织布局突发大火，从上午9时烧到晚上7时，前后烧了10个小时，厂房和机器设备化为灰烬，因为没有保险，损失达100万两以上，且无从挽回。

正反两方面的教训，使普通民众开始了解保险的种种好处，并慢慢予以接受，甚至颇为热衷。20世纪40年代出版的屠诗聘先生著作《上海市大观》一书中记载，"而保险种类亦渐增多，凡水、火、人寿、汽车、玻璃、电梯、信用、兵灾、盗窃、船壳及飞机等等，莫不具备"。

汇丰银行与清末贪官的存款

——文学作品中的近代上海金融业之一

上海开埠后，英商丽如银行捷足先登，稍后英、法、德、日、俄、美、比等国金融势力纷纷涉足上海，但长期处于龙头老大地位，获利最丰、实力最强者，非汇丰银行莫属。连汇丰银行的买办也高人一等，因为经常替清政府中介借款，它的买办甚至被赐二品顶戴，赏穿黄马褂，成了"红顶买办"。汇丰银行大量借款给中国政府，就有控制中国政府盐税和关税的特权，中国政府如要动用，须经汇丰准许，可想而知这对近代中国的政治和经济影响有多大。

汇丰银行开办后，改变了在华外商银行只重汇兑不重存款的做法，将存款业务列为银行主要业务之一。上海商业储蓄银行推出"一元起存"服务，在当时喧腾一时，起到了很好的宣传作用。实际上最早提出这一口号的还是汇丰银行，只是没有前者那么家喻户晓。

普通百姓没有什么存款概念，也没有什么钱储蓄，因此达官显要的存款才是汇丰银行关注的重点。为了吸引他们，汇丰一面大做广告，宣传储蓄的种种好处；一面对存户资料绝对保密，中英两套账目从不示人。这一招很有效，外国人在华办的英文报纸《北华捷报》称，"汇丰"这两个字信誉昭著，成为"获得中国人信任的一个重要标志"。

确实，清廷官吏、民国政要宁愿少取利息，也要将贪污、搜括所得的巨额资财存入汇丰银行，以保证安全。

据清人胡思敬《国闻备乘》记载，清末皇室亲贵、掌握中枢的庆亲王奕劻就是汇丰银行的大客户。书中讲了一个案例：奕劻欲将 120 万两黄金送往东交民巷英商汇丰银行存放。汇丰银行摆足架子，多方刁难，因为它很清楚奕劻巨额资财来路不正，"数四往返，始允收存，月息仅给二厘"。御史蒋式瑆得知此事后，上奏朝廷，认定奕劻所存必是赃款，请求与汇丰银行交涉，拿回此款充公没收。

慈禧太后得报，派尚书鹿传霖、清锐与汇丰银行交涉，"确查具奏"。鹿传霖、清锐到银行后，当日是星期天，没有人营业，吃了闭门羹。隔日再去，仍是无功而返。据清锐等人的奏折称，"银行向规，何人存款，不准告人；复询以与庆亲王有无往来，彼答以庆亲王则未经见过，询其账目，则谓华洋字各一份，从不准以示人"。也就是说，银行以尊重客户隐私为名，拒不提供任何存款信息。

由于查不到证据，事情又闹开了，结果被撤职查办的不是奕劻，而是百口莫辩的蒋式瑆。此事发生后，等于为汇丰银行作了一次免费广告，中国官吏和工商业者都将汇丰银行视作安全的避风港，纷纷将巨额资产和金银古玩存入银行，一时间汇丰存款大增。

奕劻的钱自然存进了汇丰银行。奕劻贪赃枉法，在清末几乎路人皆知，惹得御史谏官蒋式瑆等人弹劾不止。除蒋式瑆外，清末著名的三御史"台谏三霖"，即广西全州御史赵炳麟、福建莆田御史江春霖和湖南湘潭御史赵启霖，也多次冒死弹劾奕劻，结果也像蒋式瑆一样，倒下的不是奕劻，而是"三霖"。可见奕劻的势力之大一手遮天，也可见清朝腐败不堪、气数已尽，得益的正是汇丰银行这样不受中国政府监督，又标榜保守客户秘密的外商银行。

"台谏三霖"，到了上海人嘴里，就被称为"三菱公司"，因为恰好有一家日本洋行叫"三菱公司"。"三菱公司"比"台谏三霖"更琅琅上口。

"三菱公司"弹劾奕劻，朝廷派员去汇丰查账的故事，在清末谴责小说《官场现形记》中也有生动描写。作者李伯元只是把地点改到了上海，笔法曲折传神，不仅揭示了汇丰银行的"生意经"，而且把当年外商银行的霸气和傲慢写得活灵活现。

小说中，厘金局总办余荩臣（奕劻的原型）卖官鬻爵，收了人家五十多万两的银子，除在上海买了一些地皮产业外，剩下的一并存在一家外国银行里。事情被御史参劾后，清廷命制台大人查办，制台又命藩台办理此案。

次日藩台坐轮船到了上海，先去拜访上海道。见面之后，叙及要到银行查账之事。上海道问："但不知余某人的银子是放在哪一爿银行里的？"藩台大惊道："难道银行还有两家吗？"以为银行就是一家，真正昏聩到了极点，令人发噱。

上海道毕竟在上海，与洋人打交道多，熟悉情况，介绍说："但只英国就有麦加利、汇丰两爿银行。此外俄国有道胜银行，日本有正金银行，以及荷兰国、法兰西统通有银行，共有几十家呢。"

藩台听后，愣了半天，说："我们在省里只晓得有汇丰银行汇丰洋票，几年头里，兄弟在上海的时候也曾使过几张，却不晓得有许多的银行。依兄弟想来，只有汇丰同我们中国人来往，余某人的这银子大约是放在汇丰，我们只消到汇丰去查就是了。"道台无话可说。

第二天一早，藩台就想到汇丰银行去查账。未曾想上车的时候，车夫说，今天礼拜日，外国人是不办公事的，去了也是白去。藩台要面子，说："管他妈的礼拜不礼拜！我到他门口飞张片子，我总算到过的了。"意思是留张条子或名片，银行自会回复。

来到外滩汇丰银行门口，当时还未起造新大楼，是三层楼的洋房，果见两扇大门紧紧闭着。投帖的人叫唤了半天，亦没有一个人答应。投帖的无奈，只得走到马车跟前，据实回复。藩台叫他把片子留下就是了。投帖的又跑回去，拿张片子塞了半天亦没有塞进，只好蘸了点唾沫，拿片子贴在门上走了。

第二天，汇丰开门营业。藩台仍旧坐了马车去。上了台阶，投帖的就挺着嗓子、拉长调门高喊"接帖！"出来一个管门的，连忙挥手叫他出去，说前门不许进，让他走后门。藩台心里很不高兴，自想："我是客，我来拜他，怎么叫我走后门？"

原来汇丰银行开业后，有一条奇怪的规定，凡中国人与汇丰的业务往来均须从后门进出，所以有人指引他

19世纪末，外滩汇丰银行还仅是一幢三层洋房

1923年落成的汇丰银行大楼，被誉为"从苏伊士运河到远东白令海峡最华贵的建筑"

到后边去。当下藩台无奈，只得跟了投帖的跟班走到后面。顺便提一句，我在其他历史书里也多次读到，中国人到汇丰银行存钱，前门是不让进的，一定要他到后面交易，似乎有意羞辱他。不过从未查到此说出处，不意在此。

藩台从后门进了大厅。柜台上各人收付洋钱，查对支票，正在忙个不了，也没有人去招呼他。跟班拿了名片，叫唤了几声"接帖"，没有人理他；正在走投无路的时候，忽见里面走出一个中国人来，也不晓得是行里的什么人。藩台便上前与他搭讪，自称是江南藩司，奉了朝廷的差使，要找外国人说一句话，看一笔账。不料那人并不把他当一回事，看了他两眼，冷冷地说："外国人忙着，在楼上，你要找他，他也没工夫会你的。"

藩台尴尬地站在那里。此时翻译跟在后头，便说："不看洋人，先会会你们买办先生也好。"那人道："买办也忙着哩。你有什么事情？"藩台道："有个姓余的道台在你们贵行里存了一笔银子，我要查查看到底是有没有。"那人道："我们这里没有什么姓余的道台，不晓得。

我要到街上有事情去，你问别人罢。"说罢，扬长而去。

书中描写，"其时来支洋钱取银子的人越聚越多，看洋钱的叮吟当啷，都灌到藩台耳朵里去。洋钱都用大筐箩盛着，豁琅一掼，不晓得几千几万似的。整包的钞票，一沓一沓的数给人看，花花绿绿，都耀到藩台眼睛里去"。

藩台看此情形，知道再也无人理会他，于是打道回府。藩台的查账以失败而告终。堂堂清朝政府的大员，昏聩无知自不去说他，面对一家财大气粗的外国银行，不仅查账毫无办法，连讲话都无人理睬，其形可叹，其情可哀也。小说讽刺清末官场各色腐败情形，却也为我们留下了近代外商银行在中国成长的最初印记。

信交风潮的文学版

——文学作品中的近代上海金融业之二

　　历史著述里，极少见到被金融风潮裹挟的普通人的遭遇。不过可以想见卷入其中者，其结局定然不妙。包天笑的代表作《上海春秋》，恰生动记述了那些略有薄财的上海市民，在金融投机狂热之际，他们是如何情不自禁，甚至兴高采烈跳入漩涡，当中又是曲曲折折起起伏伏，最后毫无悬念地湮没在金融风潮里。

　　包天笑向来被目为鸳鸯蝴蝶派的领军人物，通俗文学之王。他一生著译很多，有一百多种。著有《上海春秋》《海上蜃楼》《包天笑小说集》等，译有《空谷兰》《馨儿就学记》等，其中《上海春秋》描写20世纪20年代上海社会浮华淫逸的景象，以上海滩阔少陈老六拈花惹草为主干，枝丫蔓延，触及十里洋场的方方面面，诸如一品香、卡尔登吃大餐，卡尔登看电影，大世界游乐，霞飞宫跳艳舞等等，诚如包天笑在该书序言里所说，"都市者，文明之渊而罪恶之薮也"。

　　花花草草群芳争艳，鸳鸯蝴蝶流连忘返，自然是彼时通俗小说的套路。而《上海春秋》的高明处，在对俗世场景的描写中，却多方位反映了近代上海中下层市民的生活，以及西方制度进入上海后的境遇，其中包括不少新兴的经济形式和职业，如交易所、信托公司、银行、股票、彩票、红利、经纪人、买办、董事、股东等。《上海春秋》中，不少人对此还是懵里懵懂，却热衷于此道，裁缝出身的小开陆荣宝日夜泡在交易所，亏光了钱财，不名一文的小白脸金小玖却当上信托公司的董事。

　　包天笑写《上海春秋》，约始于1922年，从近代中国金融史的角度看，却迅捷反映了前一年的信交风潮。

作家的敏锐和写实功夫令人赞叹，也为我们留下了这场金融风潮的"文学版"。民国作家普遍具有快速的反应能力，茅盾的《子夜》也有大量30年代初"公债风潮"的影子。在某种意义上说，"文学版"的经济史描写似乎比历史著作更胜一筹，因其生动有趣，细节翔实也。

所谓信交风潮，是指1921年冬，因中国商人滥设信托公司和交易所而引发的金融风潮。

第一次世界大战后，市场上大量闲散资金需要寻找新的投资方向，而北京政府为了缓解财政困难，大量增发公债。在此背景下，新兴的交易所和信托公司如雨后春笋，层出不穷，承揽公债买卖。

先看交易所一端，当时除最大的上海证券物品交易所和华商证券交易所外，金、棉、丝、粮、油、酒、皮毛、竹、木、纸、瓦、烛、皂等，行行竞相开设交易所，有的行业甚至还别出心裁地设立什么星期日交易所、夜市交易所，真是五花八门，应有尽有。由于缺乏有效监管，据统计，自1921年5月至12月，交易所在上海一地竟然设立了136家之多，仅11月一个月就新设了38

家。这些形形色色的交易所，有的专门从事证券买卖，有的兼做物品买卖，但绝大多数都将股票债券投机作为主要业务。由于交易所兴办初期投机者爆炒，一时营业兴旺，利润丰厚，引得各色人等蜂拥而至，社会游资趋之若鹜，而且一发不可收拾。

信托公司是接受顾客委托代为理财投资的非银行金融机构，随着交易所数量大增，对投资代理机构的需求也变得迫切，于是上海一下子出现了中易、上海、大中华、中央、中国商业、通易、上海通商、上海运驳、华盛、中外、神州等十几家华商信托公司。在1921年下半年的信交狂热中，上海猛然诞生了一百五十多家交易所和信托公司。

《上海春秋》中，出身裁缝世家的市民陆荣宝，家里颇有些积蓄，本来还算安安心心地做他的生意，书中写道，"恰巧到了民国十年，一个交易所大风潮来，却把陆荣宝卷入漩涡之中"。陆的一个朋友黄皮梁跑来便道："小陆，你要想发财吗？现在就是个发财机会了。"

接着又将自己的发财经历道出："这是实在的事情，

并非哄骗你啊。前日我在晚市交易所晚上八点钟买进本所股票二百股，只说得一句话，一个大钱也没有拿出去；到十点钟卖出去，也只说得一句话，洋钱赚着五百块。我要是一冒险，买他五千股，也一个大钱不要拿出去，两个钟头里就是一万两千五百块钱。发财不是就在眼前吗？"

陆荣宝怦然心动，说："我也在这两个月里到处总听人家讲交易所，到几家老主顾人家去也听得总是谈论交易所，上海的几家大公馆人家，都在那里做交易所。……连那些奶奶太太们，也很高兴在那里买进卖出。"

这天两人在饭店吃了一点酒后，醉醺醺地便到晚市交易所来。"刚走进门，只见人山人海，拥挤得水泄不通。那市场里人声嘈杂，大家伸出了一只黑手，黑手上还有两个外国字，什么四十三啊，五十六啊，不要性命的在那里乱喊。"

陆荣宝那时不免心动手痒起来。当时就托黄皮梁买进了二百股。开始是小打小闹，也赚了几笔，好像来钱全不费劲。后来就嫌量少不过瘾，"一口气又买了几千股"。说也奇怪，买进那几千股后，形势就不见好，"今天跌三角明天跌四角"，当中也涨上七八角，陆荣宝却不甘心，结果股票再次掉头往下，"这一下子，陆荣宝除从前所赚的几千块钱呕出不算外，蚀去了一万多块钱"。几乎倾家荡产，陆荣宝后悔莫及。

陆荣宝的姑母小妹姐，则栽在信托公司上。她认识一个二十多岁的小白脸，名叫金小玖。这金小玖好吃懒做，一天对小妹姐说："我们预备开一个信托公司，包可赚钱。这是一个外国法子，中国人还没有做过。"

小妹姐道："怎么唤作信托公司？他里面干些什么事？"

金小玖道："说起这信托公司，是生意中最靠得住的。因为大家都信托你，一切的钱都信托了你，都存到我们那个信托银行里来咧。"

经不住诱惑的小妹姐，将大半生的积蓄投进金小玖的信托公司里。金小玖当了董事，先挥霍起来，"用空了有三千余元"，小妹姐还被蒙在鼓里。

"这个当儿，除了这一家信托公司外，又有好几家信托公司已经在报上登出广告来了，加着交易所也是风起云涌，买这些股票的人好似立刻可以发财一般，连那向来不懂生意经的读书人，从来不到市场上的乡下财主，都托了人要来入股，宛如不要钱的样子。"

信托公司很快亏空，结果自然与陆荣宝一样，小妹姐颗粒无收，连本钱也蚀光，"只有天天与金小玖吵闹"。

所谓物极必反，狂热之后便是低潮，陆荣宝和小妹姐们的结局是可想而知的。到1922年4月，上海的上百家华商交易所，只剩上海证券物品交易所、上海华商证券交易所、上海华商纱布交易所、上海金业交易所、中国机制面粉上海交易所、杂粮油饼交易所等六家，信托公司只留下中央信托公司和通易信托公司两家，其余的不是倒闭就是转业，或者经办人卷款而去。泡沫去除，市值蒸发，在华商交易所上市的企业股票信誉扫地，证券市场暂时进入了静默期，而盲目投资的股民所受的损失更是难以估量。

夏志清在他的《中国现代小说史》第一章"文学革命"中，认为晚清社会小说具有社会学的意义，"是值得我们好好去研究的。这一派的小说，虽然不一定有什么文学价值，但却可以提供一些宝贵的社会性的资料。那就是：民国时期的中国读者喜欢做的究竟是哪几种白日梦？"一夜致富，无疑是当年中国人爱做的梦之一。

公债风潮前夜

——文学作品中的近代上海金融业之三

优秀的文学作品不仅是生活的投影，也是时代的记录仪、历史的黑匣子，能够搜寻到时代的记忆和历史的面相。茅盾的《子夜》显然便是这样的作品。撇开其他方面不谈，从金融史角度看，它描摹出 1932 年公债风潮爆发前夕上海特有的疯狂和燥热。

然而，公债风潮仿佛是突然冒出来的，此前上海几乎风轻云淡，波澜不兴，甚至显得一派繁荣。南京路上的大型百货公司，一家接着一家竞相开张，人流如织，生意兴隆，且看当时作家的描写："这几天上海的先施公司、永安公司又大减价了，整千整百的男男女女，挤满了全部的屋子，好象不要钱的样子，都来买东西，照这样情形看起来，社会生活何尝艰难呐？这还不希奇。也许为了两大公司货真价实，大家买的是日用所需的东西，可是除了买东西的人外，各个戏园子又是个个满座，茶坊酒肆，大餐馆，俱乐部，影戏院，也是天天宾至如归，这是何等景象？"

个中缘由与中国实行的是银本位制有关。20 世纪20年代以后，许多欧洲国家放弃银本位制，改用金本位，并且大量抛售从通货中退出的白银，增加了世界上白银的供应量，银价因此开始持续下跌。而中国是用银大国，所用白银几乎都是进口，却又是黄金出口的大国，造成中国金贵银贱的局面。

银价的低贱对贸易和经济有一定的促进意义，国外投资的成本高涨，热钱涌向国内寻求投资出路，市场物价上涨，地产和建筑业热火朝天。《子夜》，无疑是公债风潮的前夜。

上海是白银到港和出口的集中地，据史料统计，1929 年 12 月上海一埠堆存的现银达到 2 万万两之巨，比 1928 年多出一倍以上，且"呆堆仓库，失其效用"。

上海银行业受资金流动性的刺激，储蓄量大增，于是也积极参与到房地产投资热潮中去。银行新建大楼和银行营业用楼，如大陆商场、国华银行大楼、垦业银行大楼、上海银行大楼、广东银行大楼、中汇大厦、中国通商大厦等，都在那时拔地而起。著名的国际饭店（四行储蓄会大楼）也是"北四行"兴建的，当时"北四行"投资外汇债券获利丰厚，1931 年即有 1000 万元的收益，需要有新的投资渠道，因此首先想到了节节攀升的房地产。于是购地建造国际饭店，作为四行对外营业的场所，并借以对外树立实力雄厚的形象。

金融业资金充裕，实业界同样跃跃欲试。《子夜》的主角、裕华丝厂老板吴荪甫，是一位颇有魄力、经营有方的实业家，他的实业梦是，"高大的烟囱如林，在吐着黑烟；轮船在乘风破浪，汽车在驶过原野"。这时他竟然后悔道："开什么厂！真是淘气！当初为什么不办银行？

现在声势浩大的上海银行开办的时候不过十万块钱……"

《子夜》里，吴荪甫等人趁为吴老太爷送葬的机会，聚集在吴公馆商议，想集资开办一家银行。"现在内地的现银都跑到上海来了，招股也还容易，吸收存款更不成问题，有一百万资本，再吸收一二百万存款，光景可以弄出一个局面来。如果请准了发行钞票，那就更好办了。"但使吴荪甫跌入深渊的，就是汹涌的公债投机之风。正如茅盾写道的那样："他（吴荪甫）是办实业的，他有发展民族工业的伟大志愿，他向来反对拥有大资本的杜竹斋之类专做地皮，金子，公债；然而他自己现在却也钻在公债里了。"

书中有大量公债交易和证券交易所的描写。为写作《子夜》，茅盾通过一个在交易所做事的朋友，实地考察过上海华商证券交易所。1936年2月，《良友画报》第114号刊登了茅盾的散文《证券交易所》，栩栩如生地刻画了场内外的情景，以及各色人等在交易时的疯狂心态和表现。先看证券交易所外部："门前的马路并不宽阔。两部汽车勉强能够并排过去。门面也不见得怎么雄伟。

说是不见得怎么雄伟，为的想起了爱多亚路那纱布交易所大门前二十多步高的石级。自然，在这'香粉弄'一带，它已经是惟一体面的大建筑了。我这里说的是华商证券交易所的新屋。"

上海华商证券交易所（今汉口路 422 号）与上海证券物品交易所齐名，是旧上海从事证券业的两大交易所之一，由公和洋行建筑师陆受谦设计，陆也是外滩中国银行大楼的设计师之一。茅盾去参观时，八层钢筋混凝土的大楼落成开张不久，为当年远东最大的交易所，内部除交易场所外，还有六十多间客房出租，一些证券商和客户连晚上也住在里面。

对于内部交易情形，茅盾更是观察得十分仔细："池子里的做交易的叫喊始终是旋风似的，海潮似的。你如果到上面月楼的铁栏杆边往下面一看，你会忽然想到了旧小说里的神仙：'只听得下面杀声直冲，拨开云头一看'，你会清清楚楚看到中央的人圈怎样把手掌伸出缩回，而外圈的人们怎样钻来钻去，像大风雨前的蚂蚁。你还会看见时时有一团小东西，那是纸团，跟纽子一般模样的，从各方面飞到那中央的人圈。"

到了《子夜》里，茅盾关于证券交易所的描写更加驾轻就熟，"昨天各报纸上大书特书中央军胜利消息，交易所早市一声开拍，各项债券就涨上二三元，市场中密密层层的人头攒挤，呼喊的声音就像前线冲锋，什么话也听不清，只看见场上伸出来的手掌都是向上的。"

"交易所里比小菜场还要嘈杂些。几层的人，窒息的汗臭。台上拍板的，和拿着话筒的，全涨红了脸，扬着手，张开嘴巴大叫；可是他们的声音一点也听不清。七八十号经纪人的一百多助手以及数不清的投机者，造成了雷一样的数目字的嚣声，不论谁的耳朵都失去了作用。"

做公债交易，比传言更可怕的，还有暗箱操作。那段时间，蒋介石与冯玉祥、阎锡山大战中原。就在亲戚家里，茅盾听说了这样一件事：做公债投机的人曾以30万元买通冯玉祥部队在津浦线上北退30里，以此来操纵公债的涨跌。这"一万元买一里路"的情节，被写进了小说里。

1932年公债风潮前夕，股票公债交易狂热时的情形

公债风潮后市场冷寂，许多投资者血本无归

不久，疯狂的公债交易因为一则消息的走漏戛然而止，随即爆发令不少人倾家荡产的公债风潮。

据统计，北洋政府自1912年至1926年共发行了27种公债库券，发行总额为6.12亿元，而国民政府仅在1927年至1931年短短四年时间内就发行了30种公债库券，发行总额高达10.58亿元。

但这些形形色色的公债库券，因为近代中国内忧外患严重，天灾人祸不断，又缺乏稳定可靠的担保品，经常导致公债市场风声鹤唳。1931年孙科出任行政院长后，密谋挪用国债基金，停付公债库券本息。消息泄露后，社会舆论大哗，金融市场恐慌，公债库券价格一路跌停。

实业救国是吴荪甫的梦想，也是当时许多爱国实业家的梦想，但吴的美梦却因放弃实业、投机公债而彻底破灭。论者多以工业资本家斗不过"金融买办资本家"赵伯韬，以此解读出近代中国发展民族工业过程中的艰难曲折。殊不知，金融风潮总是要卷走一批把持不住的轻率的弄潮儿。

茅盾的大年夜与鲁迅的弄堂

——文学作品中的近代上海金融业之四

　　茅盾的《子夜》具有真正的宏大叙事风格，描绘了现代性极强的上海，随着情节的展开，租界、南京路、洋房和巡捕、红头阿三，银行、证券交易所、大饭店、跑马厅和回力球馆，汽车、黄包车、电灯、电扇和收音机，雪茄、香水、口红和高跟鞋，这些所谓的"西方元素"，或者说"西方物质文明"，一一展现在读者的眼前，全景式地呈现出光怪陆离的上海城市面相，并通过各式人等，将这座城市燃烧的物欲、迷离的情欲，深深地刻印在读者的印象中。

因为市面上流动性泛滥，小说里的丝厂老板朱吟秋忿忿地说道："从去年以来，上海一埠是现银过剩。银根并不紧。然而金融界只晓得做公债，做地皮，一千万，两千万，手面阔得很！碰到我们厂家一时周转不来，想去做十万八万的押款呀，那就简直像是要了他们的性命。"

这是1932年公债风潮的前夜，虚拟经济亢奋，实体经济萎缩，虽然上海的浮华与繁荣尽在眼前，书中的主角、实业家吴荪甫却已破产了。

在书中，开丝厂的吴荪甫面临三个问题：厂里的怠工，交易所里的斗争，以及家乡的变乱。更深一层，农村衰败，军阀混战，城市亢奋，工人罢工，实业家到处寻找商机拼死一搏，金融掮客则利用金融机器操控实业，国民党政府却以"看得见的手"垄断金融……

千头万绪，一个再精明的实业家也 hold 不住。

近代中国的经济危机接二连三，导致经济社会和政局动荡不已。公债风潮之后，又是白银危机，实力不济的钱庄纷纷倒闭，许多银行因受外汇投机失败和抵押经营地产过多宣告停业，工商企业因借不到钱歇业，商业更是门庭冷落。据统计1935年中秋节前后，短短九天时间，上海企业就倒闭166家。

因成书时间的关系，茅盾虽对公债风潮有所预计，但不可能将随后的白银危机写进《子夜》里。1934年春节，短暂的公债风潮已经过去，茅盾又明显感受到白银危机给上海带来的凋敝与冷落，与公债风潮前夕社会躁动、经济燥热明显不同。

1934年2月28日，茅盾写了一篇随笔《上海大年夜》，真实反映了当年大年夜上海南京路商圈的商业氛围。

"大年夜那天的上午，听得生意场中一个朋友说：'南京路的商店，至少有四五十家过不了年关，单是房租就欠了半年多，房东方面要求巡捕房发封，还没解决。'"

于是，他在大年夜带着一家人前往南京路消费兼实地考察，结果发现情况比听说的还要糟糕。

"过不了年关的商店有五百多家。债权人请法院去封门。要是一封，那未免有碍'大上海'的观瞻，所以法院倒做了和事老。然而调解也等不及，干脆关上大门贴出'清理账目'的铺子也就有二百几十家了。南京路上有一家六十多年的老店也是其中之一。"

"你猜猜，南京路的铺子有几家是赚钱的？哈哈，说是只有两家半！那两家是三阳南货店和五芳斋糕团点心店。那半家呢，听说是冠生园。"

与茅盾类似，鲁迅则将白银危机拉进了上海弄堂里。

1935 年 5 月，鲁迅先生在上海《漫画生活》第 9 期，发表《弄堂生意古今谈》，通过摊贩在弄堂的叫卖声，也活灵活现地刻画出白银危机前后，上海市民生活的不同世相。

薏米杏仁莲心粥！

玫瑰白糖伦教糕！

虾肉馄饨面！

五香茶叶蛋！

1934年前后，上海南京路已经感受到白银危机带来的凋敝

这是四五年前，闸北一带弄堂内外叫卖零食的声音，假使当时记录了下来，从早到夜，恐怕总可以有二三十样。居民似乎也真会化零钱，吃零食，时时给他们一点生意，因为叫声也时时中止，可见是在招呼主顾了。

鲁迅曾住在上海景云里23号，靠近闸北宝山路，因嫌靠马路的弄堂太吵闹，迁居同弄18号，1932年后又迁居虹口山阴路大陆新村，也是弄堂石库门房子。写作此文的时候，鲁迅已从闸北搬到虹口，他写道："现在是大不相同了。马路边上的小饭店，正午傍晚，先前为长衫朋友所占领的，近来已经大抵是'寄沉痛于幽闲'；老主顾呢，坐到黄包车夫的老巢的粗点心店里面去了。至于车夫，那自然只好退到马路边沿饿肚子，或者幸而还能够咬侉饼。"

鲁迅写道，与白银危机前相比，摊贩推销的货物切实了不少：麻油，豆腐，润发的刨花，晒衣的竹竿；就是弄堂里的叫卖声，说也奇怪，竟也和古仪判若天渊，卖零食的当然还有，但不过是橄榄或馄饨，却很少遇见那些"香艳肉感"的"艺术"的玩意了。方法也有改进，或者一个人卖袜，独自作歌赞叹着袜的牢靠。或者两个人共同卖布，交互唱歌颂扬着布的便宜。但大概是一直唱着进来，直达弄底，又一直唱着回去，走出弄外，"停下来做交易的时候，是很少的"。可见生意的清淡。

不用说，住在上海弄堂里的鲁迅对小贩们的生意经耳熟能详，因而能写出如此生动而犀利的小品。当然鲁迅此文别有深意，着眼点不在梅边在柳边，直指国民党政治的堕落。不过对研究20世纪30年代中期的白银危机来说，《弄堂生意古今谈》无疑也是一个极佳的佐例。

婵阿姨在上海银行

——文学作品中的近代上海金融业之五

沪上名医陈存仁《银元时代生活史》一书写道："上海商业储蓄银行初创时期，是开设在北京路宁波路邓脱摩西餐馆后面一条弄堂里，门面是由石库门改装的，里面的地板，走起来轧轧有声。"

陈存仁说的一点不错，1915 年上海银行成立时，因门面小，人员少，资本薄，人称"小小银行"。属下请示如何安排开幕典礼，陈光甫说免了吧，怕请了不来，难为情。但知耻者勇，陈光甫以稳健的经营、周到的服务和勇于开拓的精神，很快使上海银行脱颖而出。

20世纪30年代初，《子夜》的主角、雄心勃勃的丝厂老板吴荪甫眼看社会上资金泛滥流淌，金融大亨们乾坤大挪移，赚得盆满钵满，他开始后悔道："开什么厂！真是淘气！当初为什么不办银行？现在声势浩大的上海银行开办的时候不过十万块钱……"因此也沉溺于当时汹涌而来的金融投机活动，置实业于不顾，最后却输得一败涂地。

吴荪甫口中的上海银行，即上海商业储蓄银行。该行当年开办时，因只有七八名职员，不到10万元的资本，寂寂无名，但吴荪甫说这句话时，上海银行的经济实力和社会声望已经居于民营银行之首，陈光甫被美国人誉为"中国第一银行家"。难怪吴荪甫要羡慕嫉妒恨。

陈光甫的起家自有道理，绝非吴荪甫说的那么不靠谱。上海银行早期推出"一元起存"的故事，已经成为服务社会的一个经典案例，不说也罢。我再补充一下推出"一元起存"后，陈光甫与一位支行经理的对话。陈光甫问："吾等当如何服务社会？"经理答："我等应以和易之态度、平等之精神待客，不论百元之客，还是一元之客，皆需竭诚接待。"回答很得体，陈光甫却并不满意，说："即无一元生意之客，亦需恭慎款接，况有一元之贸易乎？客即来往，其来往之厚意已可感。"

为了让普通市民敢于、乐意走进银行，陈光甫特地命令上海银行各分支机构的门面做得小一些，他说："我行往来多系中下层小户，如果银行搞得太阔气，人家就不敢登门了。"

因此上海银行的门面都不大，从外观看，是所有知名银行中最不张扬的一家，与中国、交通等大银行无法相比，甚至与金城等银行都相去甚远。

但简朴归简朴，服务超一流。20世纪30年代初，位于宁波路江西路口的上海银行新楼落成，大楼外观朴素，两层以上皆用清水红砖墙面，这在当时的大银行中是少见的。大楼落成后，陈光甫专门从美国请来银行室内设计师，"凡安设桌椅等等，均需在适当地位，为顾客力谋便利，为行员兼谋办事上之敏捷"，重点在方便客户，提高服务效率，据说为此花的钱占大楼的四分之一。

　　1931年上海银行新楼（宁波路50号）落成。图为底层营业厅内银行职员忙碌的情形

1931年6月22日，上海银行新楼落成开张，不举行仪式，对外未发一张请柬，然而金融界诸多巨头不请自来，社会舆论好评如潮，陈光甫想起当年创办银行的情景，不由感慨系之。他在是日日记中记道："可见社会对于本行之希望。回溯余创办此行历十六年，始则旧屋两三间，行员七八人，今则全行同人达九百卅余人，今日迁入新屋不无今昔之感。"

在近代文学作品中，几乎未见正面赞颂银行或银行家的，几乎多是吞噬财富、坑骗市民的描写。因为在上海市民中的声誉极佳，陈光甫及其经营的上海银行却是一个例外。著名作家施蛰存出版于1933年的小说《春阳》描写了一位婵阿姨在上海银行的一幕情景，恰如其分地表现了陈光甫的经营理念以及银行职员的服务意识。

婵阿姨刚刚从银行保险库中取了东西，不多久又疑心没有将保险箱的门关好，遂重新折回银行。

走出冠生园，在路角上，她招呼一辆黄包车：

——江西路，上海银行。

在管理保管库业务的行员办公的那柜台外，她招呼着：

——喂，我要开开保管箱。

那年轻的行员，他正在抽着纸烟和别一个行员说话，回转头来问：

——几号？

他立刻呈现了一种诧异的神气，这好像说：又是你，上午来开了一次，下午又要开了，多忙？可是这诧异的神气并不在他脸上停留得很长久，行长陈光甫常常告诫他的职员：对待主顾要客气，办事不怕麻烦。所以，当婵阿姨取出她底钥匙来，告诉了他三百零五号之后，他就检取了同号码的副钥匙，殷勤地伺候她到保管库里去。

三百零五号保管箱，她审察了一下，好好地锁着。她沉吟着，既然好好地锁着，似乎不必再开吧？

——怎么，要开吗？那行员拈弄着钥匙问。

——不用开了。我因为忘记了刚才有没有锁上，所以来看看。

　　她觉得有点歉仄地回答。

　　于是他笑了。一个和气的，年轻的银行职员对她微笑着，并且对她看着。他是多么可亲啊！他亲切地说：

　　——放心罢，即使不锁，也不要紧的，太太。

　　这是婵阿姨心目中的上海银行形象，也是社会大众心目中上海银行的形象。一个细节是，那个银行职员上班时竟然抽着香烟，按上海银行员工的服务守则，绝对不会被许可，否则这只金饭碗就被敲了。要知道，要获得这只金饭碗是多么不容易，员工们哪个不是谨小慎微。在施蛰存先生的笔下，落下这调皮的一笔，或许出于文学笔法的描写，也与社会舆论对金融业长期负面看法的影响有关吧。

"吃交易所饭的"与"端金饭碗的"

——文学作品中的近代上海金融业之六

我们在张爱玲的散文中随处可见她对物欲的追求，对金钱的喜爱，说："八岁我要梳爱司头，十岁我要穿高跟鞋。""我要比林语堂还要出风头，我要穿最别致的衣服，周游世界，在上海自己有房子，过一种干脆利落的生活。"她在《童言无忌》里专门辟了一节说钱，而且大方地承认她"一学会了'拜金主义'这个名词，我就坚持我是拜金主义者。我喜欢钱……不知道钱的坏处，只知道钱的好处。"

张爱玲

大概是生活在十里洋场的上海，没有钱是万万不行的，况且张爱玲的家庭破落后，连买衣服的钱都成了问题，只好买来料子自己做些稀奇古怪的衣服。原本母亲还要送她去伦敦读书，自然更是力不从心，无从谈起。为了钱，离婚的父母和继母与她的关系，都平添了一份无奈和辛酸。难怪她对钱有好感。

　　可是，这位生活在上海对钱有好感的女作家，在她的小说里描写贪财或投机发财之人，却多有轻蔑、贬低和不屑，如《多少恨》里，家茵的那个无赖老父，《十八春》里的"吃交易所饭的"股票掮客祝鸿才，角色定位多属反派人物，读者被张爱玲作品里那些生活化的人物所吸引，该同情的同情，该鞭挞的鞭挞，几乎符合所有人的审美观念，谁会计较她的"童言无忌"呢？都说张爱玲的传奇，大半是由上海人缔造出来的，其实也是她的冰雪聪明。说得高一点，这是文学的本质决定的，有社会责任感的作家才是好作家。

　　"吃交易所饭的"祝鸿才在张爱玲的笔下就是这一副面孔，无非是钱多人坏，潮起潮落很不靠谱。这也是当时市民眼中典型的股票捐客形象。

　　祝家的房子在虹桥路，这里是高级别墅住宅区，犹太富豪沙逊的别墅也在此地，绿草如茵，环境宜人，"走进去像电影院，走出来又像是逛公园"。曼璐的妹妹曼桢去的时候，在那花园里经过，"草地上用冬青树栽出一道墙，隔墙有个花匠吱吱吱推着一架割草的机器，在下午的阳光中，只听见那微带睡意的吱吱的声浪，此外一切都是柔和的寂静"。

　　房子里面更不用说了，"卧房里迎面一排丈来高的玻璃窗，紫水晶似的薄纱窗帘，人字式斜吊着，一层一层，十几幅交叠悬挂着"。

　　家里装着好几只电话，最可笑的是一间书房，"墙壁上画满了彩色油画，画着天使，圣母，爱神拿着弓箭，和平女神与和平之鸽，各色风景人物，密密布满了，从房顶到地板，没有一寸空隙。地下又铺着阿拉伯式的拼花五彩小方砖，窗户上又镶着五彩玻璃"。十足一个"土豪"之家，祝鸿才却说是"我最得意的是这间书房"，曼桢看得头晕眼花，当场笑喷。

与豪奢的排场相反，祝鸿才的猥琐面目更让张爱玲极尽嘲讽之能事。吃饭的时候，祝鸿才动作飞快，一双筷子，把一只饭碗敲得当当作响。还有，"他有好几个习惯性的小动作，譬如他擤鼻涕总用一只手指揿住鼻翅，用另一只鼻孔往地下一哼，短短的哼那么一声"。

祝鸿才娶的是曼璐，又挖空心思动她妹妹曼桢的脑筋，起先觉得她高不可攀，最后阴差阳错，如愿以偿。得手后，却弃之如敝屣，害惨了一位好姑娘。

在张爱玲的笔下，金融掮客的狡诈、冷酷和不择手段，以及在生活方面的糜烂、放荡和粗俗，笔意淋漓地掩隐在她的文字里。

掮客除了吃交易所饭，张爱玲还借曼桢的话刻薄说："愈是阔人愈啬刻"，"不是囤米就是囤药，全是些昧良心的事"。

祝鸿才阔的时候，不过尔尔，等到祝鸿才投机失败，潦倒不堪，所住的豪宅也换到了湫隘的弄堂石库门房子里，掮客的形象自然与先前不可同日而语，变得邋遢起来，"似乎脸也没洗，胡子也没刮，消瘦的脸上腻着一层黄黑色的油光，身上穿着一件白里泛黄的旧绸长衫，戴着一顶白里泛黄的旧草帽，帽子始终戴在头上没有脱下来"。

祝鸿才的结局自然不会好了，张爱玲写道，"听见说祝鸿才也死了。要解放的时候，他也跟着那些有钱的人学，逃到香港去，大概在那儿也没什么生意可做，所以又回到上海来。等到解放后，像他们那些投机囤积的自然不行了，他又想到台湾去，坐了个帆船，听说一船几十个人，船翻了全淹死了"。

这才是张爱玲想要的结局，一切都回归到了本来。

其实，现代文学作品中最有名的掮客是茅盾《子夜》里的赵伯韬。比起张爱玲笔下的祝鸿才，赵算得上是高大上的金融掮客，地位更高，资金更厚，野心更大，手段更辣，且看他的出场：

四十多岁，中等身材，一张三角脸，深陷的黑眼睛炯炯有光；他就是刚才朱吟秋他们说起的赵伯韬，公债场上的一位魔王。

《子夜》借主人公、丝厂老板吴荪甫的合伙人王和甫、孙吉人的口，把赵伯韬称为"掮客"："也许他勾结了洋商，来做中国厂家的抵押款，那他不过是一名掮客罢了；我们有厂出顶，难道不会自己去找原户头，何必借重他这位掮客！"

"对呀！我也觉得老赵厉害煞，终究是变相的掮客！"

茅盾塑造了吴荪甫、赵伯韬等典型形象，尤其是颇有魄力、经营有方的实业家吴荪甫，被当作"20世纪机械工业时代的英雄骑士和王子"，在中国现代文学史上树立了一个全新的人物形象，但就是这么一位雄心壮志的人物，却斗不过金融掮客赵伯韬，从一个侧面诠释了"吃交易所饭"的能量不容小觑。

张爱玲说掮客们"反正三句话不离吹"。不管是祝鸿才还是赵伯韬，金融掮客们高抛低吸，兴风作浪，且巧舌如簧，拉人入彀，常常给人能一夜暴富的感觉，且冷酷奸诈、挥金如土、生活荒唐，是作家笔下共同的标签。

而在作家眼里，"端金饭碗"的银行职员又是什么形象呢？现代文学史上，银行和银行职员的形象还算正面，茅盾的《子夜》里，那些开丝厂的老板十分羡慕银行家的地位和眼光，巴不得自己也开一爿银行；张爱玲的《十八春》里，除了金融掮客祝鸿才，还有一位银行职员、叔惠的父亲许裕舫，"在一家银行里做事，就是因为他有点名士派的脾气，不善于逢迎，所以做到老还是在文书股做一个小事情，他也并不介意"。在小说里，这位银行职员是一位老实本分，会烧一手好菜的上海好男人。一条黄鱼，中午做黄鱼羹面，晚上将剩下的头尾炸着吃。

　　在普通读者的印象中，"端金饭碗"的银行职员，待遇优厚，工作轻松，办公场所冬暖夏凉，其实这是不知内情的外行人的想法。在善于观察的作家的笔下，对银行职员的描述要客观得多。

　　擅长描写老上海风情的施蛰存，在他的短篇小说《鸥》里刻画了一名年轻的银行职员。他先是在一家大银行里做练习生，后又升为初级职员，整日埋头厚厚的账簿中，缠绕于永远写不完的数字里，每月所得不过四十元，生活极其苦闷，最后连青梅竹马的恋人也离他而去，嫁给了比他更有钱的人。

施的小说多写实，查阅当年报纸或银行内部通讯，银行职员抱怨工作紧张枯燥、生活单调乏味的文章比比皆是，有位银行女职员写了一篇小品文《花市里的白蔷薇》，自道苦衷说："每天十小时的工作，到现在竟竟的三年，换来了每月三十元钱的俸给，消瘦的容颜，贫血的征候。"每月三四十元的收入，在当时至多属于小康阶层。

与金融掮客比起来，普通银行职员的生活就要寒碜得多了。

"端金饭碗"的银行职员，严谨本分的社会形象、相对低下的收入待遇，使作家们抱有一定的好感；而对"吃交易所饭"的掮客，则笔下毫不留情，指其赚钱手段恶劣，翻手为云、覆手为雨，生活格调低下、金钱至上、物欲横流。这自然缘于当时的社会现实以及留给作家的实际观感。

有了保险，火烛便多了

——文学作品中的近代上海金融业之七

　　天有不测风云，人有旦夕祸福，开办保险公司是应付灾害和意外事故的善法。可是在茅盾小说《子夜》里，有一则啼笑皆非的保险桥段。

　　光大火柴厂老板周仲伟因经营不善，企业面临倒闭，且一再克扣工人工资，引得工人们冲到其公馆抗议，这公馆不过是三楼三底的弄堂房子。因为周不露面，工人们威胁要放火烧宅子。

　　这时周老板忽然出现在楼上，向着下边大声说道：

你们要放火么？好呀！我要谢谢你们作成我到手三万两银子的火险赔款了！房子不是我自己的，你们尽管放火罢！可是有一层，老板娘躺在床上生病，你们先得来帮忙抬走老板娘！

原来他的房子买过火险，周仲伟一席话，使下边的工人不知如何是好。周越说越来劲，甚至鼓动工人去烧厂房：

你们去烧我的厂！那是保了八万银子的火险，再过半个月，就满期了！你们要烧，得赶快去烧！保险行是外国人开的：外国人的钱，我们乐得用呀！要是你们作成了我这八万两的外快，我当真要谢谢你们，鸿运楼一顿酒饭：我不撒谎！

这则桥段被茅盾写进小说，不仅增添了小说的趣味性，也是近代上海社会生活里严酷的现实写照。保险业作为一个特殊的金融行业，从它的诞生之日起，就如金币在翻滚中，不时呈现正反两面的图景，在积极应对灾害事故风险，保障生命财产安全的同时，也引起一些奸诈之徒的觊觎之心，保险诈骗之事时有发生。

笔者曾以近代文学作品中的银行业为题写过系列文章，其实在近代文学作品尤其那些社会谴责小说中，尚有不少关于保险业的精彩描写，颇能呈现出近代保险业进入中国后正反两方面的景象。海上说梦人朱瘦菊小说《歇浦潮》，写上海十里洋场的形形色色，其中就有"出奇谋保险纵火"，十足一段残酷的骗保故事。因为有现实依据，并非凭空想象，加上一支生花妙笔，故而写得活灵活现。

故事大意是，辛亥革命前后，上海商人钱如海因沉湎酒色财气，加上时局动荡，生意巨额亏空，为弥补缺口，竟动起保险的脑筋。大概保险是新行当，又有赔保案例在先，觉得有机可乘。他手下一位药房经理杜鸣乾，建议道：

我看上海各种营业，都没开保险公司的好。虽然外国人创设已多，不过中国人仿办的还少，而且资本也不十分充足，我想东翁既有这许多官场朋友，官场中人大都宦囊充足，你便可借他们之有余，补自己之不足……外行人看看，似乎开保险行只赚人家数十两银子，却要担数千金的风火，很为危险。其实却是桩暗行生意，利息极厚，不过却要看经手人的手面，生意越多越好。因生意多了，收的保费亦多，讲到真正失事的，一千户中难得一二，这还是水火保险。人寿保险，性质又是不同，开保险行的，譬如开一家银行，因人寿险的报费章程，都带着储蓄性质，每月纳费极重，到期不死，仍可归还本钱。在保险的人，仿佛合会。在公司中却可拿他们的保费银子做押款或做别种交易。

　　"妙，妙！"钱如海听后，依计而行，凭巧舌如簧与原有人脉关系，果然拉来不少赞助，有了七八十万股款，于是热热闹闹地开办起一家保险公司，起名"富国"。

钱如海经营这家保险公司，目的是套钱，他从中挪用了 30 万元股款，账做得好，"公司账簿上却一点没有亏欠痕迹"。他用这笔钱，除了还掉部分欠债外，还买进当年号称最赚钱的英国橡皮公司大笔股票，本想借此牟利，一举翻本。清末，称橡胶为橡皮。那家英国商人在南洋投资的橡皮公司，本也是诈骗公司，宣传得轰轰烈烈，待到众人买进后，开始一路下滑，都被深深套牢。钱如海只好将股票锁进保险箱里放着。他知道，东窗事发是早晚的事。

为了掩饰自己的舞弊勾当，钱如海和杜鸣乾合谋了一个办法。

以杜经营的药房名义，买进 35 箱假烟土，存放到一家蒙在鼓里的邬燕记土栈，付以高额租金。再向自己的"富国"公司保了 42 万元火灾险，换回七张保单。自以为妥帖之后，雇人放了一把火，说是煤气管道泄漏，将土栈烧毁殆尽。再设法把骗保得来的钱填塞保险公司的漏洞。可怜那些股东，根本不懂保险的黑幕，于莫名其妙之下，投入的血本有去无回，连最起码的追究问责也不知从何做起。这是钱如海等人能够骗保成功的关键。

与此相对应，吴趼人的小说《上海游骖录》第五回，也有"谈保险利害权得失"一节，与《歇浦潮》故事如出一辙，只是没有演绎开来，仅是一段对话。

话说有位从乡下来到上海的秀才望延，说："保险这一层倒是个好法子，只要报了险，就可以高枕无忧了。"

久居上海的介卿却回道："说便如此，只是自从有了保险，火烛便多了。"

望延不解，吃惊道："这却为何？"

介卿道："有一种狡猾险恶的人，故意报了险，却自己去放火图赔。这个且不必说。譬如我们住在乡下，没有保险的，偶然遇了邻家失事，没有个不出死力去救的，就是我家失事，邻家也是舍命来救，推其原故，无非是防到连累自己。大众都存了这个心，自然火烛就少了。至于报了险，听得隔壁失事，只要拿了保险单，等果然烧到我家时往外一溜，谁还去救，这火不就容易烧起来了么？"

清末民初的保险行业，属于新鲜事物，又是洋玩意儿，彼时风气照例崇拜有加。偏偏小说多从反面来说事，予以揭露谴责，固然与时代变动人心不古有关，一班不法之徒拼命从保险中寻找发财漏洞，演出种种骗保举动，乃至不惜纵火骗保，实在触目惊心。所谓谴责小说，焉有不起而谴责之理。至于吴趼人小说《上海游骖录》这一段对话，因为有了保险，遇有火烛之事，各人只顾自扫门前雪，并不设法拼死相救，这是保险业务开展后，在社会学层面上的某种反应，较之《歇浦潮》的骗保故事，显得更有深意。

而另一方面，谴责小说的作者未尝不明白保险的种种好处，之所以仍在小说里予以攻击，可以说是谴责小说的一大特点。作者宣扬"惩恶扬善"，抨击"酒色财气"，并借此描写种种黑幕，以投合当时读者的阅读心理，正如另一位通俗作家包天笑所说："上海的黑幕，人家最喜欢看的是赌场里的黑幕，烟窟里的黑幕，堂子里的黑幕，姨太太的黑幕，拆白党的黑幕，台基上的黑幕，还有小姊妹唎，男堂子唎，咸肉庄唎，磨镜子唎，说也说不尽。"

近代上海的保险业，自然也成了不少作家笔下的一幅幅黑幕。不得不说，在保险业务开始发达的背后，不肖之徒借机图利的勾当屡见不鲜。郑观应著《盛世危言》已经提到当时的情况，"惟保险之法一行，每有奸商故将货物之价多报，以冀物失船沉，得以安稳获利。此等天良丧尽之徒，虽国家严禁，不啻三令五申，而利之所在人必趋之，仍多尝试，亦有将房屋托保，故付祝融者"。

后　记

　　本书交稿于 2013 年 9 月，提笔写这篇后记，已经是 2014 年的春节。窗外万家灯火，鞭炮炸响，室内温暖如春，书多，杂乱，随地安放，一只双喜蓝花罐，一只如意青瓷瓶，稳稳地伫立在书架上。

　　新春快乐，万事如意！

　　祝福的短信接连而至。倏然间，早已过了"知命之年"，在上海市档案馆工作也已经超过 30 年。

　　浸润于丰富的档案，研究者最能"接地气"。常读到诸多新鲜有趣的史料，有一些琐碎的内容，外人既难窥见，自然鲜为人知，但也难以写入学术专著或研究论文。而对我来说，拾遗补阙，见缝插针，长短咸宜，不拘形式，正是我目前所需要的写作状态。近年陆陆续续写了数十篇类似金融史随笔的短文，成为本书的基础，尤其承蒙《新民晚报》的厚爱，在副刊《夜光杯》开设个人专栏"海上金融"，自 2012 年 4 月起，一直写到 2013 年 10 月，因工作忙碌而停顿，计发表短文二十多篇，受到读者朋友的欢迎，如杨天石教授所言，本书的特点在于短、信、新、趣四字。

收录进本书的文章，大多经在报刊、杂志上发表过，只是长短不一，长则上万字，短则一二千字，这次出版前重新润色一过，添加了部分注释，除《大陆商场兴建前后》一稿稍长外，尽可能将每篇文章控制在二三千字，学术性的论文均未收录。其中《上海证券物品交易所的政治内幕》《上海银行舞弊案的应对》两篇，原收录在拙著《老上海的珍档秘闻》(上海辞书出版社 2007 年版) 一书里，此次又收录进本书。三篇附录，系去年我应报刊记者的采访访谈，因与本书内容有关，亦一并收入。

在上海史研究领域，我是一个杂家，写作往往与手边的工作项目有关，仿佛随遇而安，但原创性始终是我写作的考量重点。相对而言，我对金融史的兴趣最为持久。记得我的第一篇学术论文，便是 1988 年发表在上海社科院《史林》杂志上的《四一二前后的陈光甫与蒋介石》，此后断断续续，却从未放弃。

其实，我想让读者了解，上海银行家都是一些什么样的人，金融业和银行家之于政治、社会和文化生态的重要性，如此而已。

书名《非常银行家：民国金融往事》由出版社代拟，我觉得很妥帖。"非常"二字，既反映出近代银行家非同一般、绝不平凡，又意指他们具有真正的银行家风范和作派。

敝帚自珍，我希望这本小书，能为上海史研究拓展一点新意，能为观察上海这座城市提供一个新的角度，无论如何，在上海这座"大宅门"的人物谱里，不应少了银行家的身影。

"从来不需要想起，永远也不会忘记。"

美妙的歌声从电视机里传来，动人心弦。

每逢佳节，事情、人情、心情、感情、亲情、爱情，点点滴滴难忘怀。

洪葭管、熊月之、吴景平、刘平、严建平、沈飞德、黄沂海、徐宝明、宋路霞、葛昆元、徐立勋、徐婉青、王瑜明等师友，在本书写作和出版过程中，曾予以各种形式的支持和帮助。责任编辑沈敏热心且敬业；何品博士帮助审校了全稿；杨天石教授则于百忙中，为拙著欣然作序，褒扬有加，于我在惭愧中滋生感奋之心；封面插画则由我约请著名画家张培成教授亲绘，尤为本书增色。另外需要说明的是，本书的许多照片选自于朱纪华局馆长主编的《海上金融——上海市档案馆馆藏》《上海珍档——上海市档案馆馆藏珍品选萃》图册。在此，一并向他们表示衷心的感谢！顺向读者致以真诚的谢意！

邢建榕

于 2014 年春节

再版附言

在《非常银行家：民国金融往事》出版十年后，非常感谢上海书店出版社愿意重版此书，这样也使我有机会作些补充和修订。

上海城市文化的一个特质，便是它的商业性，而这种商业性所包含的正面价值，诸如竞争性、服务性、创新性和讲究诚信，明显折射出对上海城市气质和社会生活的重要影响，决定了金融业在这座城市的重要地位。

在近代中国金融史研究领域，上海市档案馆对金融档案的开发利用功不可没，说是"筚路蓝缕，以启山林"也不为过。20世纪八九十年代，笔者就以近代金融档案为切入点，开始金融史研究与写作。1997年还应邀赴香港大学亚洲研究中心做访问学者，完成《上海银行家与国民政府关系研究》课题，合作编注出版《陈光甫日记》。

更为重要的是，从2014年开始上海市档案馆与复旦大学中国金融史研究中心合作，编辑出版多卷本《上海市档案馆藏近代中国金融变迁档案史料汇编》，不仅获得国家社科基金重点研究项目，而且为近代上海金融史研究的拓展深化，尤其是金融史研究专业人才的培养助力甚多。这一项目规模庞大，迄今已出版汇编、续编20卷（40多册），并在持续开展三编的各项工作。

浩瀚的档案史料为上海史研究，包括金融史研究提供了得天独厚的条件。与此同时，作为上海国际化大都市建设的重要内容，上海国际金融中心的建设，一直在紧锣密鼓地推进中。金融史研究与上海金融中心建设相得益彰。

如何让档案活起来，如何让历史有意义，无疑成为档案人该思考、该动作的问题。在学术研究的同时，笔者也在不同场合作过多场讲座，在报纸杂志发表了不少金融史的"边角料"，重点关注的还是金融与城市社会的关系，积少成多，稍显系统，2014 年由东方出版中心结集出版。

本次修订再版，笔者主要做了如下调整。

一是将原书名《非常银行家：民国金融往事》改为《上海银行家：民国金融往事》，以便于更好地聚焦本书的主旨和地域色彩。上海银行家可以说是近代中国银行家的代称，上海远东金融中心地位的形成，与银行家们有着如影随形的关系。他们的故事是上海城市历史的重要部分。

二是因与拙著《黄浦的夕潮》（上海书店出版社 2019 年版）部分篇目内容相似，本次删去了《"做了过河卒子"——胡适诗赠陈光甫》《金融痛史不忍看》《梅党多是银行家》《梅兰芳寄自苏联的明信片》《中国银行楼高之谜》五篇正文。

三是考虑到全书的协调性，删去了原书附录的三篇采访访谈，即《银行里开出的旅行社——邢建榕教授趣谈陈光甫和中国旅行社》（原载《行家》）、《近代上海的金融风云》（原载《上海壹周》）、《老上海的金融"遗产"》（原载《新闻晨报》）。

四是增补了原书未收录或后来新写的内容，《上海为中国金融现代化留下了什么？》《蒋介石变脸记》《张嘉璈被迫去职》《徐新六惨遭殒命》《张伯驹绑架案始末》《〈破晓东方〉的银元之战》《银行里开出旅行社》《杨绛写陈光甫轶事》《汇丰银行大楼穹顶壁画》《"你能担保吗？"》《"吃交易所饭的"与"端金饭碗的"——文学作品中的近代上海金融业之六》《有了保险，火烛便多了——文学作品中的近代上海金融业之七》，共计12篇。

五是相应调整和增补了部分照片。"图片胜过千言万语"，一张好图片更是如此，它不仅仅是文字内容的补充，而且具有独立的信息穿透力，能够让读者看到更多。毋庸置疑，这些历史图片比我的文字更有价值。

本书的修订出版，得到了诸多友人的热心鼓励。上海书店出版社副总编杨柏伟兄全力支持，责任编辑李营欣精心编辑，使得本书又以崭新的面目问世。当然无论如何，读者的关注是最重要的。我的朋友们，我的读者们，在此一并表达我最衷心的感激之情！

邢建榕

2025 年 5 月 16 日

图书在版编目(CIP)数据

上海银行家 : 民国金融往事 / 邢建榕著. -- 上海 :
上海书店出版社, 2025. 7. -- ISBN 978-7-5458-2454-4

Ⅰ. K825.34

中国国家版本馆 CIP 数据核字第 2025W5Z906 号

责任编辑 杨柏伟 李营欣
装帧设计 郦书径

上海银行家 : 民国金融往事

邢建榕 著

出　版　上海书店出版社
　　　　　(201101　上海市闵行区号景路 159 弄 C 座)
发　行　上海人民出版社发行中心
印　刷　苏州市越洋印刷有限公司
开　本　787×1092　1/32
印　张　11.75
版　次　2025 年 7 月第 1 版
印　次　2025 年 7 月第 1 次印刷
ISBN 978 - 7 - 5458 - 2454 - 4/K·524
定　价　68.00 元